伝記を読もう

石《いし》井《い》桃《もも》子《こ》

子どもたちに本を読む喜《よろこ》びを

竹内美紀・文

もくじ

はじめに

みなさんは、石井桃子《いしいももこ》という名前を聞いたことがありますか？

その名前を知らなくても、『クマのプーさん』や『ピーターラビットのおはなし』という本の題名《だいめい》なら聞いたことあるでしょう。これらのお話を翻訳《ほんやく》して日本の子どもたちに紹介《しょうかい》してくれたのが、石井桃子です。

石井桃子は、外国語を日本語にする翻訳以外《ほんやくいがい》にも、子どもの本に関《かん》する色々な仕事をしました。『ちいさなねこ』などの絵本や、『ノンちゃん雲に乗る』といった長い物語も書きました。自分で書くだけでなく、「岩波少年文庫」や福音館書店《ふくいんかんしょてん》の「傑作《けっさく》絵本シリーズ」など、子どもの本の編集者《へんしゅうしゃ》としてもいい仕事をたくさん残しています。

また、自宅《じたく》の一階に「かつら文庫」を開き、子どもたちに本の貸《か》し出しや、読み聞かせをしました。子どもたちがどんな本を好《この》むのか自分の目で確《たし》かめたかったからです。この小さな図書室が発展《はってん》して、現在《げんざい》の「東京子ども図書館」になっています。

石井桃子は、とても長生きで、百一歳《さい》でこの世を去りました。長い人生の間には、暗い戦争《せんそう》の時代も、田舎で牧場経営《ぼくじょうけいえい》をしたこともあり、当時ではめずらしかった海外留学《りゅうがく》も果《は》たしました。実に色々なことがありましたが、どんなときにも、石井桃子の頭には、子どもと本のことがあったのです。

伝記では、その人がいつ何をしたかなどの出来事や歴史《れきし》が書かれます。しかし、大切なのは、その仕事をなしとげられたのはどうしてなのか、どんな子ども時代を過《す》ごしてきたのかなど、出来事の裏側《うらがわ》まで考えることです。さて、石井桃子とはどんな人だったでしょう。物語を読みながら、みなさんもいっしょに考えてみてください。

一　記憶力《きおくりょく》ばつぐんの子ども

あなたがおぼえている一番古い思い出はなんですか？　幼稚園《ようちえん》の運動会、それとも家族旅行でしょうか？　早い人だと四歳《さい》くらいのことはおぼえているかもしれませんね。

ところがなんと、石井桃子は、一歳《さい》ちょっとのころのことをはっきりとおぼえているそうです。桃子はそのばつぐんの記憶力《きおくりょく》をはっきりして、のちに自伝的《じでんてき》作品『幼《おさな》ものがたり』を書いています。桃子がこの本を書いたのが、七十歳《さい》をこえてからというのが信じられないくらい、六十年以上《いじょう》前の記憶《きおく》が生き生きとしているのです。

桃子にとって人生最初《さいしょ》の記憶《きおく》とは、弟が生まれる場面です。まだ一歳《さい》と数か月でした。当時の出産《しゅっさん》は、病院ではなく自宅《じたく》で産《う》むのが普通《ふつう》でした。お産婆《さんば》さんや親せきの人たちが、てんやわんやしている中でも、桃子はお母さんの側《そば》からはなれたくありません。

「そのうち、お母さんの体の中から、みょうなものが出てきました。いつのまにか、お母さんは布団《ふとん》の上におき上がって、そのきみょうな赤いものをだっこしています。私《わたし》はあまりにもびっくりして、からだもはりさけそうなくらいに泣きさけんでいました。」

このように、びっくりした場面を写真のようにくっきりと記憶《きおく》しておくというのは、桃子の生まれながらの才能《さいのう》でした。

残念《ざんねん》ながら、この弟はまもなく亡《な》くなってしまいました。桃子のお母さんは八人の子どもを産《う》みましたが、この弟と長男が亡《な》くなったので、桃子は六人きょうだいの末《すえ》っ子として育てられました。一番上が初《はつ》姉さん、次が勝一《かついち》兄さん、その下はすべて女の子で、文《ふみ》姉、花《はな》姉、祐《ゆう》姉、そして桃子の順番《じゅんばん》でした。

石井桃子は、一九〇七（明治四十）年三月十日、埼玉県北足立郡浦和《さいたまけんきたあだちぐんうらわ》町（現在《げんざい》のさいたま市）に生まれました。生家は金物屋を営《いとな》み、父親は銀行勤《ぎんこうづと》めをしていました。六人のきょうだいの他に、両親、祖父母《そふぼ》が同居《どうきょ》する大家族でした。

桃子が一番好《す》きだったのはおじいさんです。ちょっと変《か》わったおもしろい人でした。

冬になると、おじいさんはいつも、表の部屋の上り口のまん中に、火鉢《ひばち》を前にして座《すわ》っていました。桃子たちが前を通ろうとすると、急に鼻紙を目の前に取り出します。子どもたちはその方へ鼻をつきだし「ちん！」としました。昔は家の中でも寒くて、子どもはよく鼻水をたらしていました。だから、おじいさんは、自分の前をいったりきたりする幼《おさな》い孫《まご》をつかまえては、その鼻をかんでくれていたのです。おじいさんとは、そうやって、いつも小さいものに目をかけてくれる人でした。

おじいさんは、ひょうきんな人でもありました。ときどき「背中《せなか》がかゆい、だれかにかいてもらいたいな」などと言います。そこで桃子が、おじいさんの背中《せなか》に手をつっこんで、ごしごしかこうとすると、その背中《せなか》に何か入っています。のぞいてみると、ゆでたまごが入っていたり、耳の中に小銭《こぜに》がはまっているときもありました。おどろくやら、うれしいやらで、子どもたちが笑《わら》い転げるのを、おじいさんは楽しそうに見守っていました。

桃子が書く文章にはユーモアがあるといわれますが、これはおじいさんゆずりなのかもしれません。

末《すえ》っ子の桃子は甘《あま》えん坊《ぼう》でした。ですが、お母さんはいつもいそがしそうでした。昔は、冷蔵庫《れいぞうこ》や洗濯機《せんたくき》もなかったし、食事も衣服《いふく》もみな手作りでしたから、どこのお母さんも家族のために働きどおしでした。桃子の家では、子だくさんの大家族の面倒《めんどう》、金物屋の店番、そのうえ家族が食べる野菜《やさい》も畑で作っていましたから大変《たいへん》です。夜明け前から起き出し、井戸《いど》に水をくみにいくお母さんの足音を、桃子はいつも布団《ふとん》の中で聞いていていました。

そんなお母さんにも楽しみがありました。年に何度か、実家に帰ったり、東京に嫁《とつ》いだ姉の家にとまりがけで出かけるのです。そんなときには、桃子とすぐ上の祐《ゆう》姉を連《つ》れて行ってくれました。

お母さんに比《くら》べると、お父さんの記憶《きおく》はあまりありません。祖父母《そふぼ》のひとり息子で、何年か小学校の先生をしてから、町のひとたちと小さな銀行を作りました。夜も仕事のつきあいでおそい日が多かったからです。

テレビやインターネットがなかった時代、夕食が終わると、家族は囲《い》炉《ろ》裏《り》のそばに集まってだんらんしました。世間話をすることもありましたが、昔話などのお話を語ることもありました。

桃子の家で夕食後に昔話を語ってくれたのは、おじいさんでした。幼《おさな》かった桃子はおじいさんのひざの上にのせてもらっていたことをおぼえています。とはいえ、おじいさんが亡《な》くなったのは桃子が四歳《さい》のときですから、桃子がお話がしっかり聞けるようになるころには、かわりに、おじいさんから聞いた昔話をすっかりおぼえた姉さんが語ってくれたのでした。石井家で姉さんといえば、長女の初《はつ》姉のことです。初《はつ》姉は絵本を読んでくれることもありました。

ある冬の夜、桃子は、『舌《した》切《き》りすずめ』の絵本を読んでもらっていました。おじいさんとおばあさんとすずめのいる絵があります。姉さんがページを順番《じゅんばん》にめくっていくと、あるページで、はさみをもったおばあさんが立っていて、すずめが飛《と》んでいく絵がありました。そして、その次のページをめくったときに、おじいさんとおばあさんが立っていて、すずめはどこにもいません。おじいさんが帰ってきたのに、すずめがいない……。

この別れの悲しさ。すずめを大切にかわいがっていたおじいさんの気持ちが伝《つた》わって、桃子はこみあげてくる気持ちをおさえられませんでした。くちびるをかみしめて一生けんめいがまんしようとしたのに、涙《なみだ》が目からこぼれ落ちてしまいました。

これが、桃子が本というものをしっかりと頭にきざみつけた最初《さいしょ》の体《たい》験《けん》です。桃子はこのときの気持ちをずっと大切に持ち続《つづ》け、七十年後に自分で文章を書いて、絵本『したきりすずめ』を出版《しゅっぱん》します。

この他にも、桃子は幼《おさな》いころの思い出を大切にして、大人になってから本の中で再現《さいげん》しました。そのひとつに、ひな祭りがあります。

石井家にとって、ひな祭りは一年の行事の中でも大切なものでした。なんたって女の子五人分のおひなさまをかざるのです。ひな祭りになると、女のきょうだいたちがそろって、一生けんめいに働いて、その部屋を特別《とくべつ》な場所にします。すっかりかざり終えると、小さな道具でおままごとをして遊びました。そのときの楽しい思い出をもとに、桃子は大人になってから『三月ひなのつき』というお話を書きました。

一九一三（大正二）年、桃子も小学校に入る年になりました。小学校に上がった最初《さいしょ》の日、先生に「自分の名前の書いてある机《つくえ》を見つけて座《すわ》りなさい」と言われて、机《つくえ》を探《さが》しました。そのころ、桃子が読めるのは「イシイモモコ」と「石井桃子」だけでしたが、机《つくえ》にはちゃんとカタカナで「イシイモモコ」と書いてありました。

小学校に入るまで、とても鮮明《せんめい》だった桃子の記憶《きおく》は、ここで一気にうすまり、あまり思い出せなくなります。おぼえているのは、小学校二年生のときに学級文庫ができた日の思い出です。桃子はたちまち、本の魅力《みりょく》にとりつかれました。日本や世界の昔話、『ふしぎの国のアリス』や『アラビアン・ナイト』など、おもしろい本はいくらでもありました。おじいさんに昔話を語ってもらったときや、姉さんに絵本を読んでもらったときと同じワクワクする気持ちが、本を読むともどって来るのです。

こうして本を読むのにいそがしくなると、ぼうっとする時間がなくなってしまいました。ぼうっとして色々なものを見ていないと、写真のように鮮《あざ》やかな記憶《きおく》には残《のこ》らないのかもしれません。小学校のときの思い出は、読んだ本が中心になりました。しかしそのかわりに、『アラビアン・ナイト』は、桃子にとって、一生ずっとおもしろい本の代表となったのです。

二　英語を学び「プー」に出会う

小学校を卒業《そつぎょう》した桃子は、一九一九（大正八）年に埼玉県立浦和《さいたまけんりつうらわ》高等《こうとう》女学校（現在《げんざい》の浦和《うらわ》第一女子高等《こうとう》学校）に入学します。そして、一九二三（大正十二）年三月に優秀《ゆうしゅう》な成績《せいせき》で卒業《そつぎょう》しましたが、そのまま進学することはなく、しばらく家事を手伝《てつだ》っていました。初《はつ》姉と文《ふみ》姉はすでにお嫁《よめ》に行っていました。けれど、初《はつ》姉は嫁ぎ先で苦労《くろう》して、幼《おさな》い子ふたりを残《のこ》して、わずか三十一歳《さい》の若《わか》さで亡《な》くなってしまいます。桃子が幼《おさな》いときに絵本を読んでくれた、大好《だいす》きな初《はつ》姉さんです。

次女の文《ふみ》姉はとても優秀《ゆうしゅう》だったのに、父親が進学を認《みと》めなかったため、親のすすめる相手と結婚《けっこん》しました。その下の花《はな》姉、祐《ゆう》姉はまだ家にいます。昔、女の子は、歳《とし》の順《じゅん》に見合いをして結婚《けっこん》するものでした。しかし、桃子は、結婚《けっこん》せずに、自分の力で生きていく道を見つけた方がいいと考えます。

女学校を卒業《そつぎょう》して半年以上《いじょう》たった日、父親の前に座《すわ》ってたのみました。

「上の学校に行きたいのです。お願《ねが》いします。」

「いいだろう。」

拍子《ひょうし》ぬけするほど簡単《かんたん》にゆるしてもらえました。お父さんだって、これからまだ三人も嫁《よめ》に出すのは大変《たいへん》だと思ったのでしょうか。それとも、優秀《ゆうしゅう》な次女の文《ふみ》に好《す》きな勉強を続《つづ》けさせずに無理《むり》やり嫁《よめ》に出したことを後悔《こうかい》していたのでしょうか。末《すえ》っ子の桃子には、自由にさせてやりたいと思ったのかもしれません。

それから桃子は受験《じゅけん》勉強をして、一九二四（大正十三）年四月、日本女子大学校英文学部に入学しました。三月生まれの桃子は、まだ十七歳《さい》になったばかりです。

　日本女子大学は、日本で最初《さいしょ》の女子大です。イギリス人教師《きょうし》に直接指導《ちょくせつしどう》を受け、基礎的《きそてき》な英語力を身につけました。このころは経済不況《けいざいふきょう》で、大学を出た男性《だんせい》でさえ、就職先《しゅうしょくさき》を探《さが》すのに苦労《くろう》しました。また、良家《りょうけ》の子女《しじょ》は、職業婦人《しょくぎょうふじん》になってお金をかせいだりするものではないという世間の雰囲気《ふんいき》もありました。しかし、桃子は、お嫁《よめ》に行かずに進学させてもらったからには、自活するつもりでした。

　当時、女子が自活するには、仕事といったら教師《きょうし》くらいしかありませんでした。それでも、桃子は、教師《きょうし》にだけはなりたくありません。自信がなかったからです。自分自身でこうやって生きるべきだという確信《かくしん》が持てないのに、どうして他人に対して、そんな指導《しどう》ができるでしょう？はずかしい。きまじめな桃子には、とうていできないことでした。そこで、卒業《そつぎょう》したら、英語をいかした仕事ができればと考えて、大学生のうちから、親戚《しんせき》の子どもたちに英会話を教えたり、英語をいかしたアルバイトもしてみました。

救世主《きゅうせいしゅ》となったのが、売れっ子小説家《しょうせつか》の菊池寛《きくちかん》です。大学から歩いて数分のところに菊池《きくち》のお屋敷《やしき》がありました。桃子が自宅《じたく》を訪《たず》ねたとき、「英語の小説《しょうせつ》が読めるんだったら、新しい外国の小説《しょうせつ》を読んで、その筋《すじ》や感想を教えてくれないか。」

と、菊池《きくち》がアルバイトの仕事をくれたのです。

翻訳《ほんやく》する前の本を、早く読んで、本のレポートをする。これは今では「リーディング」と呼《よ》ばれる、翻訳家《ほんやくか》や翻訳家《ほんやくか》の卵の人の仕事です。桃子たちは、せっせと菊池《きくち》の自宅《じたく》に通い、たくさんの新しい英語の本を読みました。桃子の仕事が認《みと》められて、だんだんと、ちがう仕事をたのまれることも増《ふ》えていきました。

菊池《きくち》は、自分で小説《しょうせつ》を書くだけでなく、書き手たちの活躍《かつやく》の場も作りました。文藝春秋社《ぶんげいしゅんじゅうしゃ》を設立《せつりつ》して雑誌《ざっし》「文藝春秋《ぶんげいしゅんじゅう》」を発行、続《つづ》いて女性雑《じょせいざっ》誌《し》「婦人《ふじん》サロン」を創刊《そうかん》しました。この「婦人《ふじん》サロン」に桃子は、女性《じょせい》編集者《へんしゅうしゃ》三人のうちのひとりとして起用されました。

編集《へんしゅう》とは、本や雑誌《ざっし》を作るときに欠かせない仕事です。どういう本を作るか企画《きかく》を立てたり、著者《ちょしゃ》に原稿《げんこう》をたのんだり、読みやすい原稿《げんこう》にするために直したりします。

もうひとつ、菊池《きくち》からたのまれた仕事がありました。犬養毅《いぬかいつよし》首相の家の書庫にあるたくさんの本の整理です。仕事ぶりから、桃子の几帳面《きちょうめん》な性格《せいかく》を知っていた菊池《きくち》は、安心して、犬養《いぬかい》首相に推薦《すいせん》したにちがいありません。犬養《いぬかい》首相も桃子のことが気にいっていたようです。

けれど、悲劇《ひげき》が起こります。一九三二（昭和七）年に起きた五・一五事件《じけん》です。犬養《いぬかい》首相が海軍《かいぐん》の青年将校《しょうこう》たちに銃殺《じゅうさつ》されたのです。知らせを聞いてすぐに、桃子はかけつけ、その後の犬養家《いぬかいけ》のつらいときに寄《よ》りそいました。そして、犬養家《いぬかいけ》と家族ぐるみのつきあいをするようになったのです。

そんなわけもあって、一九三三（昭和八）年のクリスマス・イブ、桃子は犬養家《いぬかいけ》に招《まね》かれました。「この出会いがなかったら、今のわたしはなかったかもしれない。」人生には、そんな決定的《けっていてき》な瞬間《しゅんかん》があります。石井桃子にとってのその瞬間《しゅんかん》とは、このクリスマス。クマのプーさんとの出会いでした。

クリスマスツリーの下には、子どもたちへのプレゼント。その中に、イギリスから届《とど》いた一冊《さつ》の英語の本がありました。The《ザ》 House《ハウス》 at《アット》 Pooh《プー》 Corner《コーナー》（『プー横丁にたった家』）という、『クマのプーさん』の続《つづ》きのお話の本です。

犬養家《いぬかいけ》の二人の子どもたちにせがまれて、桃子はその本を手に取りました。といっても、英語をそのまま読んだわけではありません。英語が上手な桃子は、英語の本を声に出さずに読みながら、すばやく頭の中で日本語に直して、子どもたちにもわかるように日本語で語り始めたのです。

『プー横丁にたった家』は、主人公のプーが仲《なか》よしのコブタの家に行こうとして、雪の中に出ていく場面から始まります。詩を作るのが趣味《しゅみ》のプーは、できたての詩を鼻歌のように口ずさみます。

　ザ・モアー・イト・スノーズ（ティディィリ・ポン）
　ザ・モアー・イト・ゴーズ（ティディィリ・ポン）

桃子は目で英語を追っています。英語をそのまま訳《やく》すと「雪が降《ふ》っている、どんどん降《ふ》っている」という意味になります。ところが、あら不《ふ》思議《しぎ》、桃子の耳にこんな声が聞こえてきました。

ゆきや　こんこん　ポコポン
あられや　こんこん　ポコポン

桃子の頭の中で、プーが日本語で歌っています。桃子は聞こえてきた言葉をそのまま口に出して、子どもたちに向かって語っていきました。犬養家《いぬかい》の窓《まど》の外もまた雪。まるで、プーの住んでいるイギリスのハンドレッド・エーカーの森が、すぐそこにやってきたようです。桃子は百《ひゃく》ちょ森《もり》と名づけました。プーとコブタのまぬけなふるまいに、子どもたちはお腹《なか》をかかえて笑《わら》います。それを見ている桃子も、くっくっと笑《わら》いをおさえきれません。それはそれは、とても楽しい時間でした。

「すばらしい本ね、これ。こういう子どもの本はなかなかないわよ。いい本ねぇ……」

少し考えてから、

「しばらく貸《か》していただけない？　私《わたし》、これ訳《やく》してみたいの……」

そう言って、桃子はその晩《ばん》、その本を持ち帰りました。夢中《むちゅう》で読み、どんどん日本語に直していきました。

それを楽しみにしていたのは、犬養家《いぬかい》の子どもたちだけではありません。桃子が一番親しくしていた大人の友人も夢中《むちゅう》になりました。小里文子《おりふみこ》です。

文子《ふみこ》は、肺病《はいびょう》で自宅《じたく》と病院をいったりきたりしていました。文子《ふみこ》もプーが好《す》きになって、プーのお話に出てくるユーモラスな言葉づかいを「プー語」と名づけ、その言葉で桃子とのおしゃべりを楽しみました。病気がますます悪くなってくると、文子《ふみこ》はこんな風に言います。

「もうじき死んだら、*三途《さんず》の河原《かわら》で石をつんでいる、かわいそうな子どもたちを相手に、幼稚園《ようちえん》を開こうと思うの。でも、ちゃんと日本語になっていないと、上手に話してやれないじゃない。」

桃子はせっせと翻訳《ほんやく》して、文子《ふみこ》のお見舞《みま》いに行くときに、日本語に

*三途《さんず》の河原《かわら》　この世とあの世（死後の世界）を分けるのが三途《さんず》の川で、幼《おさな》くして死んだ子どもたちは、河原《かわら》で石をつんでいるという伝承《でんしょう》がある。

なったプーの物語を持っていきました。しかしそのかいもなく、彼女は三十三歳《さい》の若《わか》さで亡《な》くなってしまいます。それに追い打ちをかけるように、桃子の母も病《やまい》にたおれました。甘えん坊だった桃子にとって、母を亡《な》くすことは、とてもつらいことでした。

五・一五事件《じけん》の四年後に起きた二・二六事件《じけん》では、さらに多くの政治家《せいじか》たちが軍《ぐん》の青年将校たちにねらわれました。だんだんと軍部《ぐんぶ》の力が勢いを増《ま》します。日本は戦争《せんそう》に向かって一直線に進み始めていました。

そんな苦しい時代の中にあって、桃子の救《すく》いはやっぱりプーでした。最初《さいしょ》の出会いから七年後の一九四〇（昭和十五）年十二月、岩波書店から『熊《くま》のプーさん』が刊行《かんこう》されました。石井桃子にとって初《はじ》めての翻《ほん》訳書《やくしょ》です。

さらに一年半後の一九四二（昭和十七）年六月には、続《つづ》きとなる『プー横丁にたった家』も刊行《かんこう》されます。一九四一（昭和十六）年十二月八日のハワイ・真珠湾攻撃《しんじゅわんこうげき》から太平洋戦争《せんそう》が始まったことを考えると、敵国《てきこく》語《ご》の英語の本、しかもおおよそ直接《ちょくせつ》社会に役立ちそうにもない子どもの本の翻訳《ほんやく》が出版《しゅっぱん》されたのは奇跡《きせき》としかいいようがありません。

わずかな部数での出版《しゅっぱん》で、プーの二冊《さつ》が本屋さんに並《なら》んだのはとても短い時期でした。あっという間に、もう紙の配給《はいきゅう》がもらえなくなったからです。その日に必要《ひつよう》でないような本なんかに紙は割《わ》り当《あ》てないと言われました。短い間にも、社会の情勢《じょうせい》はすっかり変《か》わっていたのでした。

しかし、プーの出版《しゅっぱん》という奇跡《きせき》は、その後の桃子の人生に大きな影響《えいきょう》をあたえます。桃子自身、百歳《さい》のときのインタビューでこんなことを言うほどでした。

「プーとの出会いと戦争《せんそう》がなかったら、わたしの人生はずいぶんちがっていたのではないかと思います。」

三 戦争中《せんそうちゅう》にも負けずに作った子どもの本

少し時計の針《はり》をもどして、プーに出会ったころの桃子の仕事の話をしましょう。

文藝春秋社《ぶんげいしゅんじゅうしゃ》で、桃子は有能《ゆうのう》な編集者《へんしゅうしゃ》として認《みと》められて、多くの作家たちの信頼《しんらい》を得《え》ていきました。しかし、日本の国全体が戦争《せんそう》を中心に回って行く中で、社内の雰囲気《ふんいき》もそれに合わせるようなものに変《か》わっていき、桃子は息苦しさをおぼえるようになりました。幼《おさな》いころから体がそれほど丈夫ではなかったうえに、まじめな桃子は仕事を一生けんめいやって無理《むり》を重ね、体調をくずします。社内の雰囲気《ふんいき》に違和感《いわかん》をおぼえたこともあって、桃子は会社をやめます。

会社をやめてのんびりしようかと思っているところに、作家の山本有三《やまもとゆうぞう》から声がかかりました。新潮社《しんちょうしゃ》で「日本少国民文庫《しょうこくみんぶんこ》」シリーズを出すから、その編集《へんしゅう》メンバーに加わらないかとさそわれたのです。山本有三《やまもとゆうぞう》も、菊池寛《きくちかん》と並《なら》んで、当時人気のあった小説家《しょうせつか》です。山本《やまもと》は、自分自身の子どもにいい本をあたえようと思って探《さが》したのに、そのころの日本にはなかった。ならば、自分で作ろうと思い立ったといいます。

作るからには、子どもにとって最高《さいこう》のものをめざそうと考えて、各界《かくかい》から一流の人を集めました。イギリス文学の中野好夫《なかのよしお》、ドイツ文学では高橋健二《たかはしけんじ》、フランス文学と演劇《えんげき》の岸田國士《きしだくにお》、歴史《れきし》などの社会系《けい》や物理など理科系《けい》の先生にも声をかけました。

多くの先生たちが賛同《さんどう》して協力《きょうりょく》しました。心ある大人たちは、時代の波に逆《さか》らいながら、子どもたちに向かって、いい仕事をしようと努力《どりょく》しました。山本《やまもと》たちは「日本少国民文庫《しょうこくみんぶんこ》」シリーズで、戦争《せんそう》とはちがう広い世界があるんだよと伝《つた》えようとしていたのです。

それだけに、どの本にも手をぬくことがありませんでした。どんな作品を選《えら》ぶかについても、外国の本をあつかう書店や図書館で探《さが》してきた一冊《さつ》一冊《さつ》について、みんなで熱心《ねっしん》に議論《ぎろん》しました。翻訳《ほんやく》の文章にも、とにかく厳《きび》しくて、山本《やまもと》は、「子どもが耳で聞いてわかるような言葉でなければダメです！」と何度も書き直しを指示《しじ》しました。

桃子は、編集者《へんしゅうしゃ》の中でただひとりの女性《じょせい》、しかも最年少《さいねんしょう》でした。この仕事に必死《ひっし》で取り組みながら、子どもの本の編集《へんしゅう》のやり方をおぼえ、先輩《せんぱい》の文章を見て勉強しました。

「日本少国民文庫《しょうこくみんぶんこ》」は世界の名作文学の翻訳《ほんやく》だけでなく、日本の作家たちが、当時の日本の子どもたちに向けて書き下ろした作品も収録《しゅうろく》されています。編集責任者《へんしゅうせきにんしゃ》の山本有三《やまもとゆうぞう》の『心に太陽を持て』や編集主任《へんしゅうしゅにん》の吉《よし》野源三郎《のげんざぶろう》の『君たちはどう生きるか』などがあります。

いい本を作りたいと願《ねが》い、売れることを意識《いしき》しないで作ったシリーズでしたが、実際《じっさい》にはよく売れました。活字がすり切れるほど印刷《いんさつ》されました。そのかいあって、このシリーズを読んで育った子どもたちの中には、大人になってからもその思い出が大切に残《のこ》りました。

子どものころに読んだいい本は、長い時間をかけて、ひとりひとりの心の中に地下水のようにしみていくのでしょう。本当にいい本を、読者はわかってくれる。桃子は本作りの秘密《ひみつ》をひとつ勉強しました。

しかし、桃子は、そのころすでに『クマのプーさん』に出会っていました。おもしろくてワクワクする物語、そこに新しい世界があると感じていました。けれども、それをうまく先輩《せんぱい》たちに説明《せつめい》することができませんでした。どういう本が子どもの本としていい本なのか、桃子自身、はっきりとした基準《きじゅん》をまだもっていなかったからです。その基準《きじゅん》を探《さが》していくことが、桃子の生涯《しょうがい》の仕事のひとつになりました。

犬養毅《いぬかいつよし》首相の書庫の整理係をたのまれていた桃子は、犬養《いぬかい》首相が亡《な》くなったあとの本の処分《しょぶん》も手伝《てつだ》いました。たくさんの本がすっかりなくなると、書庫として使っていた土蔵《どぞう》にはスペースができました。

あるとき桃子は、犬養《いぬかい》首相の息子の奥《おく》さんに、ふともらします。

「子どものとき、本を読みふけったけど、楽しかったなあ。その楽しさを、本を買えない子どもたちにも味わってほしいの。そうだ、子ども向けの小さな図書室を作れないかな。どこかいい場所があるといいのだけど……」

「だったら、書庫にしていたうちの土蔵《どぞう》を使って。どうせ空いているんだから。」

色々な知人から寄付《きふ》してもらったりして本を集め、小さな図書室を作りました。名前は「白林少年館《はくりん》」、犬養《いぬかい》首相の別荘《べっそう》の名前「白林荘《はくりんそう》」からとりました。そこで、近所の子どもたちを集めて本を読み始めました。

「それにしても、日本語のおもしろい本があまりないね。外国のお話にはおもしろいものがたくさんあるのに。」

「だったら、自分たちで作ろうよ。翻訳《ほんやく》すればいい。」

桃子は友人といっしょに、日本語版《ばん》の本を出版《しゅっぱん》する会社を作りました。

「白林《はくりん》少年館出版部《しゅっぱんぶ》」です。

「何の本がいいかな。子どもたちが喜《よろこ》んで読んでくれるものがいいね。」

桃子は、『プー横丁にたった家』に出会った後、他にもおもしろい本はないかと銀座《ぎんざ》の教文館《きょうぶんかん》という本屋さんに探《さが》しに行きました。

そこで見つけたのが、アメリカの『子どもの本の黄金の王国』という本です。そこには、アメリカの子どもの本の専門家《せんもんか》が作った、子どもたちに人気のある本のリストがのっていました。

その中にのっていた本を何冊《なんさつ》か取《と》り寄《よ》せて読んでみて、そのうちの二冊《さつ》を選《えら》びました。ケネス・グレアムの『たのしい川邊《かわべ》』とヒュー・ロフティングの『ドリトル先生「アフリカ行き」』です。

次の問題は、翻訳《ほんやく》をだれにたのむか？

子ども向きの本ですから、英語自体はそれほどむずかしくありません。しかし、子どもにとって読みやすい日本語を書くことは、一流の作家にとってもむずかしいことです。そこで、桃子が尊敬《そんけい》する作家にたのんでみることにしました。

桃子は、アメリカから届《とど》いた『ドリトル先生』を持って作家の井伏鱒二《いぶせますじ》を訪《たず》ねます。桃子が以前勤《いぜんつと》めていたときの上司《じょうし》のところに井伏《いぶせ》が毎日のように来ていました。当然《とうぜん》、桃子とも顔見知りとなり、ときどき話をするようになりました。桃子が子どもの本の話をすると、井伏《いぶせ》はよく聞いてくれました。「ドリトル先生」のシリーズがあまりにおもしろかったので、桃子は持参《じさん》して、早速《さっそく》そのあらすじを話したのです。

井伏《いぶせ》は、目をパチパチさせながら、その話を聞き終えると、「いい話ですねえ、いい話ですねえ。日本の子どもの話って、糞《くそ》リアリズムで嫌《いや》味《み》だ。こういうふうにいかないんだなあ」と言われました。糞《くそ》リアリズムとは少々下品な言い回しですが、現実的《げんじつてき》すぎて空想的要素《くうそうてきようそ》がなくてはつまらないと言いたかったのでしょう。

「井伏《いぶせ》さん、訳《やく》してくださいませんか？」

とたのんでみたら、

「ひとつこれ、やってみようかな。」

とあっさり引き受けてくれました。

井伏《いぶせ》は、当時すでに大人の本の作家として立派《りっぱ》な仕事をしていました。それなのになぜ、子どもの本の翻訳《ほんやく》を引き受けてくれたのでしょうか。

日本がすでに中国との戦争《せんそう》に入っていて、戦争《せんそう》の雰囲気《ふんいき》にあわない作品を書きにくい世の中になっていたせいかもしれません。

翻訳《ほんやく》にあたっては、桃子がまず下訳《したやく》をしました。下訳《したやく》とは、翻訳《ほんやく》を協力《きょうりょく》する人が行う下書きのようなものです。弟子がすることもあります。桃子は、まず自分で翻訳《ほんやく》して井伏《いぶせ》に提出《ていしゅつ》しました。それを井伏《いぶせ》が、読みやすい日本語、子どもにもわかりやすい言葉に直していきます。

「ドゥーリトルとは、わかりにくいな。」

本の題名からしてつまずきました。英語のタイトルは「ドクター・ドゥー・リトル」で、「何もしない先生」という意味です。

「ずばり、ドリトル先生にしよう。」

と井伏《いぶせ》は決めました。こうして、ドリトル先生が誕生《たんじょう》しました。

他にも、「状況《じょうきょう》が思わしくなく、好転《こうてん》するのを待つという意味のこと

『ドリトル先生「アフリカ行き」』
(白林少年館　1941 年)

『たのしい川邊』
(白林少年館　1940 年)

わざ……」など桃子が言い終わらないうちに、「待てば海路《かいろ》の日和《ひより》」と教えてくださるし、「頭が二つで胴体《どうたい》が一つの珍獣《ちんじゅう》、押《お》しっくらをしているけものの名」といえば、「オシツオサレツ」という言葉が、井伏《いぶせ》の口からすぐに出てくるのでした。

そんなやりとりをくり返したあと、井伏《いぶせ》は、原稿《げんこう》を持ち帰り、それこそ徹夜《てつや》で声に出して読んでくれたようです。最後《さいご》にしみじみと「ああ、この原稿《げんこう》はきつかった。ああ、これには手を焼《や》いた、はあ」とため息をつきながら、桃子にこぼすのでした。それでもきっと、井伏《いぶせ》は「ドリトル先生」のシリーズを楽しんで訳《やく》していたにちがいありません。

『たのしい川邊《かわべ》』の翻訳《ほんやく》は、英文学者の中野好夫《なかのよしお》にたのみました。こちらは白林《はくりん》少年館の共同経営者《きょうどうけいえいしゃ》の友人が、お願《ねが》いしにいきました。

「少国民文庫《しょうこくみんぶんこ》」を作ったときに、多くの訳者《やくしゃ》が、子ども向けにわかりやすい文章にするために山本有三《やまもとゆうぞう》から訂正《ていせい》を入れられましたが、その中で、ほとんど直しの入らない名訳《めいやく》をした人がいます。それが中野好夫《なかのよしお》でした。子どものための名訳者《めいやくしゃ》はだれか、少国民《しょうこくみん》文庫の編集《へんしゅう》の仕事をしながら、桃子はしっかり見ていたんですね。自分の出版社《しゅっぱんしゃ》を作ったときに、ちゃんとそのことをおぼえていて、翻訳《ほんやく》をたのみにいったのでした。

しかし、桃子たちの白林《はくりん》少年館は短い時間しか続《つづ》きませんでした。アメリカとの戦争《せんそう》が近づき、紙の配給《はいきゅう》がきびしくなったことや、メンバーの間の意見のちがいも出て、解散《かいさん》することになりました。出版《しゅっぱん》されたのは『たのしい川邊《かわべ》』と『ドリトル先生「アフリカ行き」』の二冊《さつ》だけ。子どもたちに貸《か》し出すためにそろえた図書室の本も、メンバーで分けて、犬養家《いぬかいけ》の書庫から運び出しました。

桃子には夢《ゆめ》が二つありました。一つめは小さい農場を経営《けいえい》すること。二つめは子どもの図書館を作ることで、そこにはできれば、本屋もつけたいと思っていました。二つめの夢《ゆめ》の最初《さいしょ》の一歩が、この白林《はくりん》少年館での図書館活動と翻訳出版《ほんやくしゅっぱん》でした。このときは小さい一歩でつまずきましたが、のちに再び挑戦《ちょうせん》するときの土台になったのでした。

四 「ノンちゃん」と牧場経営《ぼくじょうけいえい》

中国との戦争《せんそう》がはじまったのは、一九三七（昭和十二）年です。四月に、戦争《せんそう》という緊急事態《きんきゅうじたい》を乗りこえるために、国家が人やものを管理《かんり》するための「国家総動員法《そうどういんほう》」ができて、産業界《さんぎょうかい》でもそれを応援《おうえん》するように、国家に協力《きょうりょく》するための組織《そしき》が続《ぞく》ぞくと作られました。

十月には「児童《じどう》図書改善《かいぜん》に関《かん》する指示要綱《しじようこう》」によって、子どもの本の統制《とうせい》がはじまります。

最初《さいしょ》は、よい本を子どもたちに、というのが目的《もくてき》でしたので、子どもの本の出版《しゅっぱん》が活発《かっぱつ》になり、海外の子どもの本の傑作《けっさく》も、たくさん出されました。

桃子が編集《へんしゅう》して白林少年館から出版《しゅっぱん》した二冊《さつ》も、桃子が翻訳《ほんやく》して岩波《いわなみ》書店から出た「プー」の二冊《さつ》も、この時期のものです。

しかし、戦争《せんそう》がはげしくなると、子どもの本も戦争《せんそう》の時代に合わせなくてはならなくなり、そのために子どもの本に関係《かんけい》する人たちは、「日本少国民文化協会《しょうこくみんぶんかきょうかい》」に参加させられました。桃子も、その「文学部会」のメンバーになります。

この文学部会でおおぜいの会員を管理《かんり》しようというのですから、名簿《めいぼ》の管理《かんり》などぼうだいな事務《じむ》作業が発生しました。その事務局《じむきょく》に推薦《すいせん》されたのが、桃子でした。若《わか》くてまだ無名《むめい》でしたが、犬養家《いぬかいけ》の書籍《しょせき》整理の事《じ》務《む》をしていたということで信頼《しんらい》され採用《さいよう》されたのです。

日本少国民文化協会《しょうこくみんぶんかきょうかい》の動きは、ほぼすべての子どもの作家や画家、出《しゅっ》版関係者《ぱんかんけいしゃ》におよびました。少年少女向けの詩集なども出版《しゅっぱん》されました。

心ならずも戦争《せんそう》を賛美《さんび》する作品を書いてしまって戦後《せんご》に心をいためる作家がたくさんいました。

ずっと後になってから、桃子は、インタビューの中で、戦争中《せんそうちゅう》のことを聞かれてこんなふうに答えています。

「あの戦争中《せんそうちゅう》の日本人の意識《いしき》っていうのは、今の常識《じょうしき》というものでは判断《はんだん》できない。一種《いっしゅ》の狂気《きょうき》……。普通《ふつう》の平和な時代なら、とてもやらなかったことを、思い切って何とかするっていうんじゃなくて、生きるためにそれをしなくちゃならなかった。そういうことだった。」

桃子は、亡《な》くなった親友の小里文子《おりふみこ》からゆずり受けた家の庭先で、大きな石臼《いしうす》にスイレンをうかべてメダカや金魚を大事に飼《か》っていました。

空が青く、雲が白く、あんなに心にしみいる青い空や、白い雲をその後見たことがない、そんな日でした。桃子は、小さいベランダに立ちつくして、空をあおいで酸素《さんそ》不足《ぶそく》の金魚みたいにあっぷあっぷしていました。そのうち、友人たちのためにお話を書こうと思いつきました。

　このとき思いついたお話の主人公がノンちゃんです。書きだしたら、形も何も考えないうちにどんどん出てきました。書けた分だけ少しずつ友人のところに送ったら、おもしろがって読んでくれました。『ノンちゃん雲に乗る』の誕生《たんじょう》です。

　原稿《げんこう》を送った相手は、陸軍兵舎《りくぐんへいしゃ》にいた友人です。スキーなどをいっしょに楽しんだ仲間《なかま》のひとりでした。文化的《ぶんかてき》な生活をしていた若者《わかもの》にとって、命令には絶対服従《ぜったいふくじゅう》の軍隊《ぐんたい》生活はとてもきゅうくつなものだったにちがいありません。「ノンちゃんを読んでいるときだけは人間でいられた」と言って、ノンちゃんの原稿《げんこう》を心待ちにしてくれていました。そして、自分で楽しむだけでなく、かくしながら友人たちと回し読みまでしました。

きっと、自由な文化の香《かお》りが喜《よろこ》ばれたのでしょう。

六か月くらいかかってお話は完成《かんせい》しましたが、戦争中《せんそうちゅう》ということもあって、すぐに日の目をみることはありませんでした。『ノンちゃん雲に乗る』が世に出るのは、戦争《せんそう》が終わるのを待たなければなりません。

さて、白林《はくりん》少年館を解散《かいさん》し、翻訳《ほんやく》も敵国語《てきこくご》の本とされて出版《しゅっぱん》できなくなってしまった桃子ですが、父が亡《な》くなって生家はすでに兄の代になっています。もともと、自活したくて上京した桃子です。厳《きび》しい時代でもなんとかひとりで生きていく方法を探《さが》さなければなりませんでした。

そんなときに出会ったのが、狩野ときわです。

秋田の女学校の先生だったときわは、川崎《かわさき》の真空管《しんくうかん》を作る工場に生徒《せいと》たちを連《つ》れてきていました。小柄《こがら》で病弱な桃子と対照的《たいしょうてき》に、ときわはたくましくて大柄《おおがら》でした。一見正反対のふたりですが、知り合ってすぐに意気投合して親しい友人になりました。

桃子は、昼間は川崎《かわさき》の工場で学生たちといっしょに働き、夜は横浜《よこはま》市の綱島《つなしま》の寮《りょう》にとまって学生たちの勉強をみてやりました。母や親友を亡《な》くした桃子にとって、ときわとのおしゃべりは、どんなになぐさめになったことでしょう。

しかし、戦局《せんきょく》はどんどん厳《きび》しくなっていきます。決め手となったのは、一九四五（昭和二十）年三月十日の東京大空襲《だいくうしゅう》です。それまでも危険《きけん》と背中《せなか》合わせであることは自覚《じかく》していたつもりでしたが、空襲《くうしゅう》直後に東京に出かけた桃子とときわは、そのひどいありさまに息をのみます。

もう、あきらめなきゃだめだ。これは東京にはいられない、早く秋田に帰った方がいい。預《あず》かった大事な生徒《せいと》たちがこのままでは危《あぶ》ない。ともかく一日も早く連《つ》れて帰ろう。そう、二人は決めました。

ときわと娘《むすめ》の節子《せつこ》、約五十人の女学生とともに、桃子は秋田県本荘市《あきたけんほんじょうし》に向かいます。なんとか生徒《せいと》たちを親元に帰した後、自分たちも秋田で暮《く》らせないかと土地を探《さが》したのですが、うまくいきません。困《こま》って、ときわの故郷《こきょう》の宮城県栗原郡鶯沢村《みやぎけんくりはらぐんうぐいすざわむら》（現在《げんざい》の栗原市《くりはらし》）に行きました。最初《さいしょ》は、ときわの親せきの家においてもらって、山の上の土地を借《か》りて、そこをたがやして畑を作ることにしました。

桃子たちが最初《さいしょ》の鍬《くわ》を入れたのは、一九四五（昭和二十）年八月十五日、ぐうぜんにも終戦《しゅうせん》の日でした。なにやら大事な話があるらしいということを聞いて、みなでラジオの前に座《すわ》ったことを記憶《きおく》しています。雑《ざつ》音《おん》が多くてあまりよく聞き取れませんでしたが、とうとう戦争《せんそう》が終わった、そのことだけはわかりました。

その後すぐに、桃子たちは山に向かいました。とにかく食べる物を作らなくてはなりません。しかし、幼《おさな》いころより病弱だったうえに、肉体労働《ろうどう》とは縁《えん》のなかった桃子です。最初《さいしょ》のうちは、畑仕事の戦力《せんりょく》にはとてもならなかったので、つかれて帰ってくる仲間《なかま》のために、料理《りょうり》や洗濯《せんたく》をして待ちました。だんだん慣《な》れてくると、桃子も畑に出るようになりました。

生きのびるために、みんな必死《ひっし》で働きました。ときわは、女学校で教えていた裁縫《さいほう》の腕《うで》を生かして、田舎《いなか》の娘《むすめ》たちに和裁《わさい》や洋裁《ようさい》を教えました。夜は、下駄《げた》作りの内職《ないしょく》もしました。動物も育てました。最初《さいしょ》は鶏《とり》やヤギなどの家畜《かちく》、そのうち和牛を手に入れました。畑をよくする堆肥《たいひ》を手に入れるために、人糞《じんぷん》あつめまでやりました。三年間、夜明けから夜おそくまで、休まずに働きました。それでも、農場の経営《けいえい》は厳《きび》しく、飢《う》え死の一歩手前と言うところまで追いつめられました。

この危機《きき》を救《すく》ってくれたのが「ノンちゃん」でした。出版《しゅっぱん》を考えずに、ひたすら友人のために書いた『ノンちゃん雲に乗る』の原稿《げんこう》を、桃子は東京をはなれるときに、知人の編集者《へんしゅうしゃ》の藤田圭雄《ふじたたまお》に、たくしてきました。藤田《ふじた》のがんばりで、一九四七（昭和二十二）年に大地書房《しょぼう》から出版《しゅっぱん》されましたが、売れ行きはあまりよくありませんでした。そのうち大地書房《しょぼう》がうまくいかなくなってしまいました。しかし、光文社《こうぶんしゃ》で改《あらた》めて出版《しゅっぱん》することになったので、桃子は、ノンちゃんの本が出版《しゅっぱん》されたらもらえるはずのお金を、光文社《こうぶんしゃ》にたのんで先にはらってもらい、そのお金に和牛を売ったお金を足して、乳牛《にゅうぎゅう》を買うことにしました。

ときわは、桃子が作ってきたお金を持って農家を回り、よく乳《ちち》の出るいい牛を見つけました。最初《さいしょ》は、女なんかに売るものかと相手にされなかったのですが、ねばり強く交渉《こうしょう》してゆずってもらいました。その牛に「エルシー」という名前をつけてかわいがりました。エルシーは、ときわたちの期待にこたえるように、いっぱい乳《ちち》を出しました。

しかし、またも困《こま》ったことがおきました。牛乳《ぎゅうにゅう》を販売《はんばい》するには、酪《らく》

乳《ちち》しぼりをする桃子

農《のう》組合を通さなくてはいけないというのです。しかし、宮城《みやぎ》の酪農《らくのう》組合を通せば、その分だけ手数料《てすうりょう》を取られます。ぎりぎりの生活をしている桃子たちはそんな手数料《てすうりょう》をはらいたくありません。手数料《てすうりょう》を取られるくらいなら、自分たちの組合「鶯沢酪農《うぐいすざわらくのう》組合」を作ろう。組合を作るためには、仲間《なかま》を集めたりルールを作ったり、大変《たいへん》なことがたくさんありますが、それが桃子たちの出した結論《けつろん》でした。

活動の中心になった桃子たちを尊重《そんちょう》して、鶯沢酪農《うぐいすざわらくのう》組合が出荷する牛《ぎゅう》乳《にゅう》にはのちに「ノンちゃん牛乳《ぎゅうにゅう》」という名前がつけられました。『ノンちゃん雲に乗る』は、文部大臣賞《だいじんしょう》を受賞《じゅしょう》して、光文社《こうぶんしゃ》から再《さい》出発しました。ベストセラーになり、映画化《えいがか》もされて、「ノンちゃん」の名前は田舎《いなか》にまで知れわたったのです。

桃子たちの牧場《ぼくじょう》は、「ノンちゃん牧場《ぼくじょう》」と呼《よ》ばれましたが、その経営《けいえい》は苦しいものでした。宮城《みやぎ》に移《うつ》ってからも、桃子は色々な用事のために半年に一度くらいは東京へ行き、そのたびに、以前《いぜん》からの友人や出版社《しゅっぱんしゃ》を回りました。そのときに、岩波《いわなみ》書店の吉野源三郎《よしのげんざぶろう》は、桃子に上京して出版社《しゅっぱんしゃ》で働くことをすすめました。

桃子は、心ならずも、戦時中《せんじちゅう》に、文学者団体《だんたい》に名前をつらねたことで、結果的《けっかてき》に戦争《せんそう》に向かっていく体制《たいせい》に力を貸《か》すことになってしまったことを後悔《こうかい》していたのかもしれません。そう簡単《かんたん》に首をたてにふりません。かたくなに、慣《な》れない農業のつらい肉体労働《ろうどう》にしがみつきました。

しかし、そのころの日本の酪農業《らくのうぎょう》はもうかりません。ときわたちがどれほどがんばっても、ノンちゃん牧場《ぼくじょう》の経営《けいえい》は悪くなるばかり。いよいよ、みんなで飢《う》え死にするしかないというところまで追いつめられて、とうとう桃子は、出稼《でかせ》ぎのために東京に行くことを決心しました。

五　「岩波《いわなみ》少年文庫」と絵本のシリーズ

ノンちゃん牧場《ぼくじょう》の仲間《なかま》たちのところに心を残《のこ》しながら、桃子は東京に向かいました。岩波《いわなみ》書店編集部《へんしゅうぶ》での新しい仕事が待っています。『クマのプーさん』の出版《しゅっぱん》を後おししてくれた吉野源三郎《よしのげんざぶろう》のさそいで、岩波《いわなみ》書店が新しく創刊《そうかん》するシリーズ「岩波《いわなみ》少年文庫」の編集責任者《へんしゅうせきにんしゃ》を引き受けたのです。

岩波《いわなみ》書店についてみると、児童書編集部《じどうしょへんしゅうぶ》にはだれもおらず、机《つくえ》がぽつんとひとつ置かれています。あれほど熱心《ねっしん》にさそってくれたのに、どうやら、あまり歓迎《かんげい》されてないようです。というのも、桃子を強く推薦《すいせん》していたのは経営側《けいえいがわ》の人たちで、編集部《へんしゅうぶ》など一般《いっぱん》の社員は納得《なっとく》していませんでした。他から連《つ》れてきた人をいきなり編集長《へんしゅうちょう》にすることに反対していたからです。桃子は、岩波《いわなみ》書店の正社員になれないまま働くことになりました。

つらい気持ちでしたが、桃子は、困難《こんなん》なことをいっぱいくぐりぬけてきていました。知らない土地で山を切り開いて畑を作り、慣《な》れない酪農《らくのう》業《ぎょう》をやってきたことにくらべれば、なんでもありません。桃子は、ひとりで自分の仕事に向き合いました。

子どもたちが読んでくれる本はどんな本だろうか。新しい少年文庫のシリーズにはどんな作品を入れていったらよいだろうか。桃子の心にあったのは「喜《よろこ》びのおとずれ」です。

桃子は小さいときに、おじいさんやお姉さんから聞く昔話が大好《だいす》きでした。小学校にあがって自分で文字が読めるようになると、学級文庫の本が友だちになりました。本を開けば、行ったことのない外国に飛《と》んで行き、物語の主人公といっしょに冒険《ぼうけん》できるのです。桃子にとって、本は一番の喜《よろこ》びでした。ですから、子どもたちにも、自分と同じ喜《よろこ》びを感じてほしいと思いました。子どもたちが読んだときに、心に喜《よろこ》びをもたらしてくれる本。楽しくて、笑《わら》っちゃって、夢中《むちゅう》になれる本。そんなすばらしい本をそろえたい。しかし、そんな本をそろえるのは、桃子ひとりでは力不足《ちからぶそく》です。

岩波《いわなみ》書店では、新しいシリーズを発刊《はっかん》するにあたり、それぞれの分野を代表する五百人に、どんな本がふさわしいと思うかアンケートを配りました。桃子は、集まったアンケートをていねいに見ていきます。けれども、作家はアンデルセン、グリム、作品は『小公女』『ハイジ』『クオレ』などで、あまり参考《さんこう》になりませんでした。すでに何度も出版《しゅっぱん》された名作ばかりだったからです。

ところが、ある日、編集部《へんしゅうぶ》が出したはずのない人から返答が来ました。そこには『ドリトル先生航海記《こうかいき》』『たのしい川べ』『クマのプーさん』などの新しい本のタイトルが並《なら》んでいます。

桃子は、びっくりしました。いったい、だれがこの手紙をくれたのだろう。見たこともない名前です。瀬田貞二《せたていじ》。それが手紙の差《さ》し出し人でした。住所は平凡社《へいぼんしゃ》と書かれています。桃子は、さっそく平凡社《へいぼんしゃ》に連絡《れんらく》をしました。

岩波《いわなみ》書店が出したアンケートのあて先は、当時、平凡社《へいぼんしゃ》で本を作っていた社会学者の日高六郎《ひだかろくろう》でした。けれど日高《ひだか》はアンケートを見て、「瀬《せ》田《た》君、これはきみの仕事だよ」と瀬田《せた》に手わたしたのです。

瀬田《せた》は、戦争《せんそう》で親友を亡《な》くし、残《のこ》された自分は何をすべきか、なやんでいました。大学卒業後《そつぎょうご》に旧制《きゅうせい》中学校夜間部の先生になり、まずしい子どもたちに向き合いました。教科書に墨《すみ》をぬり、以前《いぜん》教えていたことはまちがいだったと生徒《せいと》たちに謝《あや》まりました。あんなことは二度としたくない。これからの未来を担《にな》う子どもたちが生きていく力になる本物の知識《しき》、教養《きょうよう》を教えなければならないと思いました。そんなときに、平凡社《へいぼんしゃ》で子どものための百科事典《じてん》を作ることになったのです。

当時の日本では、初《はじ》めての試《こころ》みです。瀬田《せた》は、国会図書館でアメリカのコンプトン百科事典《じてん》というお手本を見つけました。その中で、子どもの本の項目《こうもく》を書いていたアン・キャロル・ムーアが、「子どものためのブックリスト」というものを作っていました。瀬田《せた》はそのリストを元に、原書を探《さが》して読み、岩波《いわなみ》書店からのアンケートにもその成果《せいか》を記したのでした。

石井桃子と瀬田貞二《せたていじ》という、戦後《せんご》の日本児童《じどう》文学、特《とく》に英語からの翻《ほん》訳《やく》文学に大きな影響《えいきょう》をあたえた二人がここで初《はじ》めて出会います。瀬田《せた》と出会い、ムーアのリストを知って、桃子の仕事にも光が見えてきました。

最初《さいしょ》のころに岩波《いわなみ》少年文庫シリーズに入れられた本の多くは、外国の本です。子どもにとっていい本というのがよくわかっていませんでしたから、まずは、アメリカやカナダの図書館で子どもたちに人気があると認《みと》められている本をえらんだのです。しかし、外国語の本といっても、日本の子どもたちに読みやすく翻訳《ほんやく》しなければなりません。作品さがしの次は、翻訳者《ほんやくしゃ》さがしです。

桃子自身も、翻訳《ほんやく》しました。桃子が自分用に選《えら》んだ一冊《さつ》目は、ハムズンの『小さい牛追い』でした。この作品は、ノルウェーの農場が舞台《ぶたい》で、牛を飼《か》っている家族の暮《く》らしが、子どもたちの視点《してん》から書かれています。ノンちゃん牧場《ぼくじょう》で毎日牛と格闘《かくとう》していた桃子ですから、自分のことのように夢中《むちゅう》になれました。

もともとは、ノルウェー語で書かれたものでしたが、桃子が読んだのは、アメリカで出版《しゅっぱん》された英語版《ばん》でした。現在《げんざい》の子どもの本は、なるべくもとの言葉で書かれた原書から直接《ちょくせつ》日本語に翻訳《ほんやく》することの方がよいと言われていますが、最初《さいしょ》のころはそんなことを言っていられません。何より、いい作品を紹介《しょうかい》したかったのです。

一九五〇（昭和二十五）年十二月二十五日クリスマスの日に、岩波《いわなみ》少年文庫は創刊《そうかん》されました。まずは五冊《さつ》。『宝島《たからじま》』や『あしながおじさん』『クリスマス・キャロル』の名作とともに、ケストナーの『ふたりのロッテ』（高橋健二《たかはしけんじ》訳《やく》）やハムズンの『小さい牛追い』（石井桃子訳《やく》）など日本に初《はじ》めて紹介《しょうかい》される新しい作品も入れられました。翌年《よくねん》には、『小さい牛追い』の続編《ぞくへん》の『牛追いの冬』も出されました。

それから毎月二冊《さつ》ずつ出していくのですが、それはかなり大変《たいへん》な作業でした。というのも、子どもの本の翻訳《ほんやく》は、大人の文学以上《いじょう》に気をつかうものなのです。大人は、この作家が好《す》きだからとか、仕事で必要《ひつよう》だからとか、せっかく買ったから、なんていう理由でも読んでくれるかもしれません。しかし、子どもにはそんなこと関係《かんけい》ありません。おもしろければ夢中《むちゅう》で読みますが、たいくつだったらすぐに放り出します。ガマンして読み続《つづ》けたりしません。だからこそ、子どもの本は絶対《ぜったい》におもしろくなくてはならないのです。

それと同時に、日本語としても自然《しぜん》で読みやすくなければなりません。そのために、その外国語と日本語の両方ともが得意《とくい》な人のところに持っていき、その人の前で一冊《さつ》一冊《さつ》読み合わせをしました。

こうして、精一杯《せいいっぱい》の努力《どりょく》をして岩波《いわなみ》少年文庫を送り出しました。

今までにないようなおもしろい作品が新しく入っているという評判《ひょうばん》もありましたが、売れ行きはまだまだ会社に納得《なっとく》してもらえません。

岩波《いわなみ》の社内で「岩波《いわなみ》少年文庫がなぜ売れないのか」の調査《ちょうさ》を行ったと

ころ、幼《おさな》いころに講談社《こうだんしゃ》の絵本を読んだ子は、講談社《こうだんしゃ》の「世界名作全集」シリーズなどに進むことが多く、岩波《いわなみ》少年文庫にはなじみがないという結果がでました。

だったら岩波《いわなみ》書店でも、幼《おさな》いときから岩波《いわなみ》の読者をつかまえるために絵本シリーズを出そうという話が持ち上がってきました。この絵本シリーズを作るのも桃子に任《まか》されました。「岩波《いわなみ》の子どもの本」シリーズの創刊《そうかん》です。

絵本のシリーズでは光吉夏弥《みつよしなつや》をたよりにしました。絵画や写真、バレエなど美術《びじゅつ》の専門家《せんもんか》である光吉《みつよし》は、戦前《せんぜん》から絵本にも注目して海外の貴《き》重《ちょう》な絵本をたくさん集め、戦中《せんちゅう》にもかかわらず二冊《さつ》の絵本を翻訳《ほんやく》して筑《ちく》摩書房《ましょぼう》から出版《しゅっぱん》しました。そのうちの一冊《さつ》がマンロー・リーフの『花と牛』です。この作品は、『はなのすきなうし』とタイトルを変《か》えて「岩《いわ》波《なみ》の子どもの本」シリーズ最初《さいしょ》の六冊の一冊《さつ》として出版《しゅっぱん》されました。

絵本のシリーズを始めるにあたり、次のような方針《ほうしん》が決まりました。

買いやすいように、なるべく安くする。そのために、形をそろえる。

外国語の本も縦《たて》書きにする。まずは外国の翻訳《ほんやく》を中心にするけれど、日本の画家のものも入れていく。

「岩波《いわなみ》の子どもの本」は大きさが全部いっしょです。これは、印刷《いんさつ》する紙の無駄《むだ》が少しでも出ないよう計算した上で、ランドセルに入る大きさにおさえたからです。当時は、まだ図書館は整備《せいび》されておらず、子どもの本は裕福《ゆうふく》な家の子だけが買ってもらえるものでした。買ってもらった本をランドセルに入れて学校に持っていってもらい、友だちみんなで読んでもらいたい。そんな思いがこめられていました。

一九五三（昭和二八）年十二月、「岩波《いわなみ》の子どもの本」シリーズが創《そう》刊《かん》されました。絵本を作るのが初《はじ》めてのメンバーばかりの上に、とにかく急いで仕上げたので、失敗《しっぱい》もありました。最初《さいしょ》の一冊《さつ》『ちびくろ・さんぼ』が納品《のうひん》されてびっくり。製本《せいほん》業者も絵本をあつかったのは初《はじ》めてだったらしく、本のつくりがあまく、ページをめくるとバラバラ落ちてきました。

『ちびくろ・さんぼ』の発売のときには、初《はじ》めてテレビ宣伝《せんでん》もして、編集部員《へんしゅうぶいん》もテレビ局に行きました。いろいろな意味で新しい試《こころ》みがいっぱいでした。

その次に出した、バートン作の『ちいさいおうち』にもまた失敗《しっぱい》が見つかりました。月の満《み》ち欠けが書きこまれたカレンダーの絵について、小学生から投書が来ます。「理科で習った月の満《み》ち欠けと向きが反対ですが、どうしてですか?」と。

これは、絵を裏焼《うらや》き、つまり裏返《うらがえ》しに使用したことから起こったたまちがいです。絵本の絵は動きを出すために、ページをめくる進行方向を考えて描《か》かれています。絵の向きが、ページが進む方向とあっていなくてはならないからです。

ところが、英語は横書きでページの右へと進んでいきますが、縦書《たてが》きの日本語は反対に左へと進みます。そのために、編集部《へんしゅうぶ》では、絵を裏返《うらがえ》しにして印刷《いんさつ》したのです。なにげなくやったことですが、細かく見るとおかしなことが色々出てきました。翻訳《ほんやく》した石井桃子と、編集担当《へんしゅうたんとう》の鳥越信《とりごえしん》があわてて直しました。こうやって最初《さいしょ》の絵本は、試《ため》してはやり直しの連続《れんぞく》でした。

この後、四か月ごとに六冊《さつ》ずつ出されます。四回の刊行《かんこう》、合計二十四冊《さつ》をもって、シリーズの第一期は区切りをつけます。

というのも、この少し前に桃子がアメリカ留学《りゅうがく》のチャンスを得《え》て、岩《いわ》波《なみ》書店をやめるのです。桃子がぬけたのと前後して、光吉《みつよし》も手を引きます。そのあとは岩波《いわなみ》書店の、いぬいとみこや鳥越信《とりごえしん》などの編集《へんしゅう》部員が、がんばっていきます。

桃子がひとりで始めた岩波《いわなみ》の二つの子どもの本のシリーズは、桃子が育てた若《わか》い編集者《へんしゅうしゃ》たちにバトンが手わたされました。

六　あこがれの海外留学《りゅうがく》

一九五三（昭和二十八）年の秋、まだ岩波《いわなみ》書店で働いていた桃子を、突然《とつぜん》、坂西志保《さかにししほ》が訪《たず》ねてきました。坂西《さかにし》は、アメリカ留学《りゅうがく》の経験《けいけん》をいかして、アメリカ政府《せいふ》の仕事をしていました。坂西《さかにし》の仕事は日本とアメリカの橋わたしでしたが、そのひとつが、ロックフェラー財団《ざいだん》の留学《りゅうがく》プログラムに参加《さんか》する日本人を推薦《すいせん》することでした。このプログラムは、日本の文化人をアメリカに招待《しょうたい》して、アメリカで専門《せんもん》の勉強してもらうというものです。坂西《さかにし》は、「岩波少年文庫」や「岩波の子どもの本」シリーズの編集《へんしゅう》や翻訳《ほんやく》でいい仕事をしていた桃子に目をつけ、奨学金《しょうがくきん》を受けないかとさそいます。

一年間、財団《ざいだん》の費用《ひよう》でアメリカやカナダで勉強できるのです。若《わか》いころから海外にあこがれて英語を勉強してきた桃子にとって、願《ねが》ってもないチャンスでした。もちろん、編集部《へんしゅう》は多忙《たぼう》で、桃子は正社員ではないものの実質的《じっしつてき》には編集長《へんしゅうちょう》のようなものでしたから、やめることに迷《まよ》いはありました。でも、それよりも、海外でちゃんと子どもの本の勉強をしたいという願《ねが》いの方が強かったのです。

子どもの本を作りながらも、桃子は不安《ふあん》でした。独身《どくしん》で自分の子どももいませんでしたし、まわりにも子どもがいなかったからです。子どもの読者はどんな本を好《この》むのだろうか、子どもの本にとって大切なことはなんなのだろう。迷《まよ》いながら本を作っていました。そのためにも、子どもにとっていい本とはこういう本である、というような確固《かっこ》とした基準《きじゅん》を自分の中に持ちたいと思っていたのでした。

そんな桃子にとって、児童《じどう》図書館活動において先進的《せんしんてき》なアメリカやカナダへの留学《りゅうがく》は、それをこの目でみるチャンスです。
決心した桃子は、以前《いぜん》からのペンフレンド、ミラー夫人に手紙を書きます。桃子は戦前《せんぜん》から、「ホーンブック」というアメリカの子どもの本の批評《ひひょう》をする雑誌《ざっし》を購読《こうどく》していました。わからないことを質問《しつもん》するために手紙を書いたことがきっかけで、編集長《へんしゅうちょう》のミラー夫人と手紙のやりとりをする友だちになったのです。ミラー夫人に、奨学金《しょうがくきん》を受けて子どもの本の勉強のためにアメリカに行くことを告《つ》げると、ミラー夫人は大変《たいへん》喜《よろこ》んで、桃子のためにすばらしい計画を準備《じゅんび》してくれました。

一九五四（昭和二十九）年八月十二日、桃子は横浜港《よこはまこう》からプレジデント・ウィルソン号に乗りこみ、太平洋にのり出しました。十二日後にはアメリカ西海岸のサンフランシスコに到着《とうちゃく》、すぐにサンフランシスコの図書館を見学しました。西海岸のロサンジェルス、サンディエゴを回り、それから列車でアメリカ大陸《たいりく》を横断《おうだん》していきます。とちゅうのミネアポリス、シカゴ、シンシナティ、ほとんどすべての場所で、ミラー夫人から依頼《いらい》されたガイド役の人が待っていてくれました。ニューヨークのロックフェラー財団《ざいだん》の事務所《じむしょ》にあいさつに行き、ボストンでミラー夫人と会ったのは九月も後半になっていました。

そのあと、カナダのトロントへ移動《いどう》し、リリアン・H・スミスと出会います。トロント公共《こうきょう》図書館の児童《じどう》部門を立ち上げた人です。

アメリカの図書館で児童《じどう》部門のお手本になるのは、ニューヨーク公共《こうきょう》図書館です。それを作ったのがアン・キャロル・ムーアで、ムーアの元には、子どもの本を学びたいという図書館員たちが集まりました。そのうちのひとりリリアン・スミスは、故郷《こきょう》のカナダにもどってトロント公《こう》共《きょう》図書館に児童室《じどうしつ》を作り、「少年少女の家」と名づけました。

すでにムーアも引退《いんたい》していて、しかも大きすぎるニューヨーク公共《こうきょう》図書館よりも、こじんまりしてスミスの目が行き届《とど》くトロント公共《こうきょう》図書館の「少年少女の家」が、桃子の研修先《けんしゅうさき》にふさわしいと選《えら》ばれたのでした。しかも、スミスは『児童《じどう》文学論《ろん》』という本を出したばかりでした。この本は児童《じどう》文学の教科書のようなもので、図書館員なら必《かなら》ず読まなければいけないといわれる本です。ミラー夫人は、この本を桃子のためにも一冊《さつ》用意していて、「この本を書いた人に会いに行くんですよ」と言ってトロントに送り出しました。

トロントで桃子は、毎日図書館をめぐって、子どもが本を読む姿《すがた》を目《ま》の当たりにします。こうして現場《げんば》での勉強を重ねていくうちに、どのような本が子どもに好《この》まれるのかをだんだんつかめてくるような気がするのでした。また、このときに気づいたのが、昔話の力です。昔話は、年《ねん》齢《れい》を問わず人気があると思いました。

ニューヨークにもどり、ムーアに会います。ムーアは遠い国から子どものの本の勉強のためにひとりでやってきた桃子に協力《きょうりょく》をおしみませんでした。

ニューヨークでは、日本人絵本作家の八島《やしま》太郎にも会います。アメリカは、どの国の作家でも、いい作品を作る人には活躍《かつやく》のチャンスがある国です。八島《やしま》が日本を思い出して描《か》いた『からすたろう』という絵本が賞《しょう》を受け、ニューヨーク公共《こうきょう》図書館で講演《こうえん》をしました。そこに留学《りゅうがく》中の桃子がいあわせたのです。桃子は、日本人の八島《やしま》が、おおぜいのアメリカ人の聴衆《ちょうしゅう》を前に、英語で堂《どう》々と自分の絵本作りの話をするのを、ほこらしい気持で聞きほれていました。

お正月が過《す》ぎると、ペンシルベニア州《しゅう》のピッツバーグに移動《いどう》し、カーネギー図書館学校で児童《じどう》文学の集中講座《こうざ》を受けます。三か月間、月曜日から金曜日まで毎日、講義《こうぎ》が続《つづ》きます。当時の日本には、児童《じどう》文学を専《せん》門的《もんてき》に勉強できる大学はありませんでした。自己流《じこりゅう》で手さぐりしながら子どもの本を作ってきた桃子にとって、目からうろこが落ちるような発見の毎日でした。桃子は、英語の講義《こうぎ》を必死《ひっし》に聞きノートをとります。夜宿舎《しゅくしゃ》に帰ってから、聞き取れなかったところはクラスメートに助けてもらいながら詳細《しょうさい》なメモをまとめました。これが、桃子が帰国してからの児童《じどう》文学の勉強の基本《きほん》になります。桃子は生涯《しょうがい》その記録《きろく》を大切にしていました。

アメリカの企業家《きぎょうか》は、会社を作ってお金をもうけるだけでなく、もうけたお金を社会のために使う伝統《でんとう》があります。カーネギーもそのひとりです。鉄鋼王《てっこうおう》として知られる大企業家《だいきぎょうか》ですが、社会活動にも熱心《ねっしん》で公共《こうきょう》図書館建設《けんせつ》に力を注ぎ、とても多くの寄付《きふ》もしました。カーネギー資金《しきん》でできた多くの図書館の中心として、カーネギー図書館学校は、図書館

ピッツバーグのカーネギー図書館にて

留学中《りゅうがくちゅう》の桃子

桃子は、とてもおしゃれでした。

を担《にな》う人びとの教育に力を注いだのです。そこはまさに当時の図書館学の、特《とく》に児童《じどう》図書館学の最先端《さいせんたん》でした。

そこで学べた桃子はどれほど幸運だったでしょう。そして桃子の幸運が、日本の児童《じどう》図書館界の幸運につながったのでした。桃子は、懐《ふところ》の大きいアメリカで、桃子が理想とする子どもの図書館を作り上げてきた先《せん》輩《ぱい》たちの背中《せなか》を見て、自分の幸運と同時に、自分の使命に身のひきしまる思いをかみしめました。

アメリカとカナダでの九か月の研修《けんしゅう》を終えた桃子は、そのまま日本にもどらず、大西洋をこえてヨーロッパにわたります。イギリスでもまた生涯《しょうがい》の友人となる児童《じどう》図書館員のお手本のような人に会いました。アイリーン・コルウェルです。児童《じどう》図書館員として経験豊《けいけんゆた》かなだけでなく、ストーリーテリングの名手でもあります。コルウェルは桃子が帰国後に、イギリスで子どもたちに人気の作品を送ってくれたり、イギリスを再訪《さいほう》したときに、桃子が翻訳《ほんやく》した作家を訪問《ほうもん》するのに力を貸《か》してくれました。

桃子が日本にもどったのは、一九五五（昭和三十）年九月。日本を出発してからじつに一年以上《いじょう》の月日が過《す》ぎていました。

七　子どもの図書館を作る

帰国してすぐに、桃子は精力的《せいりょくてき》に活動を始めます。トロント公共《こうきょう》図書館の「少年少女の家」や、アメリカの各地《かくち》の図書館で見てきたように、子どもたちが心から楽しんで本を読める環境《かんきょう》を日本でも作りたい。子どもにとっていい本かどうかは、子どもに読んでやって実際《じっさい》に確《たし》かめることが大切だと学んできました。桃子は、アメリカでの経験《けいけん》が生かせるのかどうか、日本の子どもを相手に試《ため》してみようと思いました。

まずはノンちゃん牧場《ぼくじょう》にもどり、鶯沢《うぐいすざわ》の小学校にたのみに行きました。幸いなことに、毎週一回一時間、五年生の国語の時間に本を読ませてもらえることになりました。五年生のあるクラスを割《わ》り当《あ》てられ、桃子はそこに通います。ピンク色のブラウスを着た洋行帰りのハイカラな石井先生は、田舎《いなか》の子どもたちにとってまぶしい存在《そんざい》でした。読書に慣《な》れていない子どもたちに向かって、桃子がひたすら読んで聞かせました。最初《さいしょ》は、アメリカから持ち帰った絵本が中心でした。その場の思いつきではなく、あらかじめ日本語に訳《やく》して文章を書いて、何日も前から原《げん》稿《こう》を用意しました。

読んでいるとちゅうに、おかしいなと思われる部分が出てくると、「次のときまで待っててね」と正直に言って、自分の宿題にするのです。桃子は本に忠実《ちゅうじつ》でした。もともとの几帳面《きちょうめん》さもさることながら、自分でも創作《そうさく》する者として、作品と作者を大切にしていたのでしょう。

ニューヨークでお世話になった八島太郎《やしまたろう》の『からすたろう』や、のちに桃子が訳《やく》すことになる『シナの五にんきょうだい』なども読みました。

そのうちだんだん子どもたちも石井先生の読み聞かせの時間に慣《な》れ、

長い時間じっと座《すわ》っていられるようになりました。続《つづ》きが聞きたいとねだって二時間もお話を聞き続《つづ》けることができるようになりました。

桃子は二年の間、鶯沢《うぐいすざわ》と東京をいったりきたりしていましたが、再《ふたた》び東京を中心に活動をはじめます。亡《な》くなった親友から家をゆずり受けて住んでいたのですが、土地は借《か》りていたので、最初《さいしょ》のうちは借地料《しゃくちりょう》をはらっていました。とちゅうで思い切って土地を買うことにしました。安いといっても桃子にとっては大変《たいへん》な金額《きんがく》でしたが、桃子が手に入れた自分の城《しろ》は、のちのち、子どもの本にかかわる人たちみんなにとって大事な場所になっていきます。

上京してすぐにやったのは、自宅《じたく》を増改築《ぞうかいちく》し、一階に子ども向けの図書室を作ることでした。子ども用のトイレも取りつけました。

十畳《じょう》ほどの部屋に、子ども用に特別《とくべつ》にデザインされた椅子《いす》と机《つくえ》が並《なら》び、棚《たな》には三百五十冊《さつ》の本が並《なら》びました。

一九五八（昭和三十三）年三月一日土曜日、桃子の自宅《じたく》に作られた小さな図書室「かつら文庫」がオープンしました。

「文庫」という言葉には二つ意味があります。一つは本の意味で、文庫本や「少国民《しょうこくみん》文庫」シリーズのように使います。もう一つは、個人《こじん》やグループが運営《うんえい》する小さな図書室のことです。この時代の日本では、公《こう》共《きょう》の図書館がまだ十分ではなかったので、「かつら文庫」のような文庫が活やくしました。

オープンの一週間前から、敷地内《しきちない》に小さな手書きの看板《かんばん》が立てられました。

「小学生のみなさん　いらっしゃい
おはなしとスライドの会
三月一日（土）二時から

来たい人は、なかにはいって
申しこんでください。
――かつら文庫――」
最初《さいしょ》の日には、二十人ほどの子どもたちが集まってくれました。そのときとった写真も残《のこ》っています。

毎週一回の開館のお世話のために、文庫には「お姉さん」がいつもいました。「かつら文庫」初代《しょだい》のお姉さんは、ノンちゃん牧場《ぼくじょう》の共同経営《きょうどうけいえい》者《しゃ》である狩野ときわの娘《むすめ》の節子《せつこ》さんです。節子《せつこ》が大学に入って上京すると、桃子の自宅《じたく》に下宿することになりました。ですから、桃子の自宅《じたく》にできた「かつら文庫」もそのままお手伝《てつだ》いすることになったのです。

「かつら文庫」では、子どもたちが、思い思いに本を読みます。この本を読めと言われることもなければ、読んだあとに感想を聞かれることもありません。もちろん、どんな本を読んだらいいかを相談すれば、本好《ず》きのお姉さんが教えてくれます。子どもたちが、自由な雰囲気《ふんいき》の中で、ただ静《しず》かに本を読む。その空間はとても気持ちよいものでした。

桃子は、自分で翻訳《ほんやく》した絵本が出版《しゅっぱん》されると、かつら文庫の本棚《ほんだな》にそっとおきました。だまって並《なら》べておいて、子どもたちが手を出すかどうかを見て、その本が、どのくらい子どもの興味《きょうみ》をひくか、または、ひかないかを見ようとするのです。

たとえば、ブルーナの「うさこちゃん」のシリーズです。十一か月の女の子がかつら文庫に連《つ》れてこられたことがあります。このシリーズの絵本の一冊《さつ》をもって、お父さんのひざの上にのり、顔をみあげて、読んでくれとさいそくしています。これには桃子も目をみはりました。

かつら文庫は、桃子にとっても、子どもたちがどのように本を読むかを実際《じっさい》に自分の目で見られる大切な場所になりました。

かつら文庫びらきの記念《きねん》写真

オープンを知らせる看板《かんばん》

かつら文庫で読み聞かせをしている桃子

お楽しみの会もありました。絵本を読んだり、お話の時間もありました。そのときも、聞きたい子だけが集まればいいのです。それから、ひな祭りやクリスマス会など季節《きせつ》の行事もいっしょに楽しみました。女きょうだいの多かった桃子にとって、ひな祭りは特別《とくべつ》楽しみな行事でした。現在《げんざい》のかつら文庫でも毎年、桃子が大切にしたおひなさまをかざっています。

桃子はおっとりと静《しず》かな印象《いんしょう》ですが、これと思いついたらすぐに行動にうつします。まずやってみる、その行動力はおどろくほどです。もっとすごいのは、実行してみたことを必《かなら》ず文章にまとめて、多くの人が読めるように発表するのです。勉強の成果《せいか》をひとりじめしません。

鶯沢《うぐいすざわ》小学校での二年と、その後の東京のかつら文庫での経験《けいけん》も本にしました。一九六〇（昭和三十五）年に『子どもの読書の導《みちび》きかた』、一九六五（昭和四十）年に『子どもの図書館』の二冊《さつ》の本を出版《しゅっぱん》します。二か所での子どもたちの様子とともに、最近《さいきん》の子どもの興味《きょうみ》や昔話の魅《み》力《りょく》など、桃子が活動の中で考えたことがまとめられています。かつら文庫では子どもたちがどうやって本を読んでいるのか。子どもたちが好《この》む本のリスト。図書カードやお話会のプログラムものっています。何より魅力的《みりょくてき》なのは、笑顔《えがお》いっぱいの子どもたちの写真です。それが母たちの背中《せなか》をおしました。この本を読んで感動し、桃子にならって文庫を始めるお母さんが全国にたくさん出てきました。文庫活動に関《かん》する反響《はんきょう》はとても大きなものでした。

桃子は、自宅《じたく》でかつら文庫の準備《じゅんび》をするのと並行《へいこう》して、文庫活動をする仲間《なかま》と家庭文庫研究会を結成《けっせい》します。

『赤毛のアン』の翻訳《ほんやく》で有名な村岡花子《むらおかはなこ》は、自宅《じたく》で、幼《おさな》くして亡《な》くなった長男の名前をつけた「道雄《みちお》文庫ライブラリー」を始めていました。主《しゅ》婦《ふ》の土屋滋子《つちやしげこ》は、子どもの本に深い関心《かんしん》をよせて、自宅《じたく》に「土屋児童《つちやじどう》文庫」と、別の場所に「入舟町土屋児童《いりふねちょうつちやじどう》文庫」をもっていました。桃子は、村岡《むらおか》や土屋《つちや》をささそったのです。

家庭文庫研究会では、文庫の運営《うんえい》をどうやっていくかを考えるとともに、海外の優《すぐ》れた絵本の翻訳《ほんやく》も行いました。家庭文庫研究会が原作者や出版元《しゅっぱんもと》との交渉《こうしょう》と翻訳《ほんやく》を、出版《しゅっぱん》は福音館《ふくいんかん》書店の松居直《まついただし》がうけおいました。松居《まつい》は、桃子に最初《さいしょ》に会ったときのことをよくおぼえています。岩波書店のろうかで紹介《しょうかい》されると、直立不動《ちょくりつふどう》でごあいさつしました。なんたって、あの『クマのプーさん』を訳《やく》された方ですから。

そうです。松居《まつい》は『クマのプーさん』を愛読《あいどく》していました。福音館《ふくいんかん》書店が児童書《じどうしょ》に力を入れることになったのは、松居《まつい》の判断《はんだん》でした。その判《はん》断《だん》の裏《うら》には、プーも少し貢献《こうけん》していたかもしれませんね。

さて、家庭文庫研究会が手がけて福音館書店《ふくいんかんしょてん》から出た絵本は六冊《さつ》あります。石井桃子訳《やく》はワンダ・ガアグの『100まんびきのねこ』とビショップ、ビーゼの『シナの五にんきょうだい』の二冊《さつ》。その他は村岡花子訳《むらおかはなこやく》で、『いたずらきかんしゃちゅうちゅう』『アンディとらいおん』などとなりました。

「岩波の子どもの本」シリーズは、小型《こがた》で縦長《たてなが》の形に統一《とういつ》されていたので、横長の原書をそのまま出すのは難《むずか》しいことでした。それに、当時の日本の子どもの本はほとんどが縦《たて》書きでした。戦後《せんご》すぐに、横書きの児童雑誌《じどうざっし》が試験的《しけんてき》に発行されたものの、不評《ふひょう》ですぐに縦《たて》書きにもどされました。そのときの経験《けいけん》があって、「岩波の子どもの本」の絵本は、縦《たて》書きにされたのでした。

しかし、それから十年近くが過《す》ぎています。そこで大胆《だいたん》な決断《けつだん》をしました。横長の原書の形をそのまま生かすために、横書きを採用《さいよう》したのです。桃子は新しい絵本の形を、松居《まつい》とともに作り出しました。原書を生かした横長、横書きで左開き、絵本の進行方向は右に進んでいきます。今では、日本語の絵本が横書きなのは、そうめずらしいことではありませんが、当時としては実に画期的《かっきてき》なことでした。

これにも、かつら文庫が力になりました。桃子はかつら文庫で、横長の絵本『１００まんびきのねこ』や『シナの五人きょうだい』の原書を、訳《やく》しながら読み聞かせます。すると、子どもたちがどんどん絵本に引きこまれていくのです。子どもたちの反応《はんのう》を見た松居《まつい》は、原書と同じ横長の形での翻訳《ほんやく》絵本を出すことにふみきりました。

福音館書店《ふくいんかん》といっしょに作った「傑作《けっさく》絵本シリーズ」の一冊《さつ》目『１００まんびきのねこ』を広げてみると、横書きの効果《こうか》がはっきりとわかります。白黒の絵本ですが、１００まんびきというタイトルの通り、たくさんのねこが登場します。横長の絵本を開くと、さらに横に二倍に広がり、

「ここにもねこ、あそこにもねこ」という言葉通りの場面《ばめん》が続《つづ》きます。はじめのうちは、書店からこんな横長の絵本は本棚《ほんだな》にならべにくいという苦情《くじょう》がよせられました。

でも松居《まつい》はめげません。本棚《ほんだな》のために本があるのではなく、本のために本棚《ほんだな》があるのです。学校の先生からは、国語の教科書が縦《たて》書きなのに、どうして横書きにするのかと、これまたおしかりが届《とど》きました。

ところが保育者《ほいくしゃ》たちからは、子どもたちに読み聞かせたら予想以上《いじょう》に喜《よろこ》んで聞いてくれたといった反響《はんきょう》がしきりに伝《つた》えられました。桃子や松《まつ》居《い》の挑戦《ちょうせん》は、子ども読者の心をつかんだのです。

家庭文庫研究会の力、はっきり言えば石井桃子の指導《しどう》を受けたおかげで、松居《まつい》の絵本作りは発展《はってん》していきます。絵本の形は自由であるべき。信念《しんねん》をもって、新しい絵本をどんどん生み出していきました。

八 よい子どもの本を探《さが》して

桃子は、松居《まつい》たちと絵本を作るだけでなく、子どもの本についての勉強会も始めました。

「日本の児童《じどう》文学では小川未明《おがわみめい》や浜田広介《はまだひろすけ》ばかりが取り上げられるが、他にもいい作家がいるのではないか。」

そこで、桃子は、児童《じどう》文学に関心《かんしん》がある人たちで集まり、いろいろな作品を一語一語ていねいに読んでいく会を始めようと提案《ていあん》し、仲間《なかま》に声をかけました。子どもの本の相談相手の瀬田貞二《せたていじ》、産経《さんけい》新聞の鈴木晋一《すずきしんいち》、福音館《ふくいんかん》書店児童書編集長《じどうしょへんしゅうちょう》の松居直《まついただし》、岩波書店編集部《へんしゅうぶ》で石井の下で働いたこともあるいぬいとみこ。メンバー五人の頭文字をとってＩＳＵＭＩ《いすみ》会と名前をつけました。のちに、アメリカ留学《りゅうがく》から帰国した渡辺茂男《わたなべしげお》が加わって六人の会になりますが、名前は変《か》えずに五文字のままでした。

毎月一回、夕方、桃子の自宅《じたく》に集まり、桃子が用意した夕食を食べながら、子どもの本の話をする気楽なものでした。

とはいえ、真面目《まじめ》な桃子のことです。当初《とうしょ》の目標《もくひょう》通り、色々な作家の作品をていねいに読みくらべていき、その成果《せいか》をまとめて一九六〇年に『子どもと文学』を発表しました。この本では、当時評判《ひょうばん》のよかった作家の小川未明《おがわみめい》や浜田広介《はまだひろすけ》などは子ども向きではないと手厳《きび》しい一方で、宮沢賢治《みやざわけんじ》や新美南吉《にいみなんきち》などの作家には高い評価《ひょうか》をあたえました。

その基準《きじゅん》になったのが、よい子どもの文学とは、読んでわかるもの、そして、子どもが心から楽しめるものかということでした。桃子が追い求《もと》めてきた理想です。

ISUMI《いすみ》会のメンバーが本のよしあしを考える基準《きじゅん》の土台となった

のは、桃子や渡辺《わたなべ》が自分の目でたしかめてきたアメリカやカナダの児童《じどう》図書館での経験《けいけん》です。その土台にはちゃんとした児童《じどう》文学の理論《りろん》がありました。その教科書の筆頭がリリアン・スミスの『児童《じどう》文学論《ろん》』です。

一番たよりになるスミスの本を、なんとしても日本に紹介《しょうかい》したい。アメリカの大学に留学《りゅうがく》した後に、アメリカの公共《こうきょう》図書館で司書《ししょ》の経験《けいけん》を積《つ》んだ渡辺《わたなべ》も同じ意見でした。瀬田貞二《せたていじ》も加わり、三人の共同《きょうどう》作業で翻訳《ほんやく》して、一九六三（昭和三十八）年に『児童《じどう》文学論《ろん》』というタイトルで出《しゅっ》版《ぱん》されました。

次に取り組んだのは、子どもの本のリストを作ることでした。出版社《しゅっぱんしゃ》の人間は選定《せんてい》には加わらない方がいいだろうということで、ＩＳＵＭＩ《いすみ》会のメンバーのうち、福音館《ふくいんかん》書店の松居直《まついただし》と岩波《いわなみ》書店のいぬいとみこがはずれ、「子どもの本研究会」ができました。アメリカのムーアのリストが海をこえて、岩波少年文庫の元となったように、日本の子どもの本の基本《きほん》となる作品をすべて盛《も》りこんだリストをめざしました。

このリストは、一九六六（昭和四十一）年に、『私《わたし》たちの選《えら》んだ子どもの本』として出版《しゅっぱん》されます。このリストは何度も改訂《かいてい》されて、日本全国の児童《じどう》図書館員たちの教科書となってきました。

『私《わたし》たちの選《えら》んだ子どもの本』のリスト作りは、東京子ども図書館にひきつがれます。東京子ども図書館は、日本で初《はじ》めての子どもの本の専《せん》門《もん》の図書館です。この図書館をつくるときに、桃子の依頼《いらい》で中心となったのが、松岡享子《まつおかきょうこ》でした。松岡《まつおか》は、慶応《けいおう》大学図書館学科で学んだあとに、アメリカの大学に留学《りゅうがく》します。その後、アメリカの図書館でも働き、大学と現場《げんば》の両方で先進的《せんしんてき》なアメリカの図書館のことを学んできました。いわば、アメリカ図書館学の専門家《せんもんか》です。

松岡《まつおか》は帰国して、大阪市立中央図書館の小中学生室に採用《さいよう》されました。そのことを、桃子に手紙で知らせると、桃子は自分のことのように喜《よろこ》びました。日本に専門《せんもん》の児童《じどう》図書館員が誕生《たんじょう》したと思ったからです。

しかし、日本では公共《こうきょう》図書館の職員《しょくいん》は公務員《こうむいん》です。図書館にずっといることはできません。せっかく図書館で経験《けいけん》をつんだとしても、来年には、水道局《きょく》や経理課《けいりか》に異動《いどう》になることもあります。図書館員は、はっきりとした専門職《せんもんしょく》と認《みと》められているわけではありません。

松岡《まつおか》が大阪の図書館に勤《つと》めている間も、桃子はせっせと手紙を書き、東京にもどって来て、モデルとなる子どもの図書館をいっしょに作ろうとさそいます。大阪でひとりがんばっている松岡《まつおか》を、桃子は見こんでいました。

松岡《まつおか》は、二年あまり勤《つと》めた後、桃子の再三《さいさん》のさそいにこたえて上京します。自宅《じたく》に「松《まつ》の実《み》文庫」を作り、絵本『しろいうさぎとくろいうさぎ』などの翻訳《ほんやく》をはじめました。

上京して五年たった一九七一（昭和四十六）年十月、松岡《まつおか》は「東京子ども図書館設立準備《せつりつじゅんび》委員会」を作ります。そこには、桃子も相談役として名前をつらねていました。

「東京子ども図書館」ができたことで、桃子の「かつら文庫」、松岡《まつおか》の「松《まつ》の実《み》文庫」、土屋《つちや》の「土屋児童《つちやじどう》文庫」と「入舟町《いりふね》土屋児童《つちやじどう》文庫」の四つの文庫はひとつになりました。かつら文庫は、現在《げんざい》も東京子ども図書館の分室として、子どもたちに本の読み聞かせや貸《か》し出しをしています。

三人の文庫への思いは少しずつ異《こと》なっていました。桃子には、いい子どもの本を作るために、子どもと本をひとつところにおいて見てみたいという本の作り手の気持ちがありました。松岡《まつおか》は、アメリカで学んできた児童《じどう》図書館を日本でも作りたいという理想をもっていました。土屋《つちや》は、目の前の子どもたちにいい本に出会ってほしいという願《ねが》いから活動を続《つづ》けてきました。どれも大切なことで、そのどの要素《ようそ》も、現在《げんざい》の東京子ども図書館に引きつがれています。

東京子ども図書館の一階には児童室《じどうしつ》があり、かつら文庫と同じように、子どもたちが来て、思い思いに本を読み、借《か》りていきます。お話会や季《き》節《せつ》の行事も数多く企画《きかく》されます。地下の資料室《しりょうしつ》には、大人のために日本や海外の児童書《じどうしょ》や、研究者向きの専門書《せんもんしょ》、児童《じどう》文学の雑誌《ざっし》などが並《なら》んでいます。子どもや、子どもの本の研究者にとって、天国のようなところです。

東京子ども図書館の職員《しょくいん》は、いつも勉強をおこたりません。新しい本を子どもたちの本棚《ほんだな》に並《なら》べるかどうかは、時間をかけて話し合います。アメリカのある図書館では、ある一冊《さつ》の本を入れるかどうかの議論《ぎろん》に六年もかけたそうです。その理由を問うと「相手は子どもですから」と答えたそうです。

その本場で理想の児童《じどう》図書館を見て、学んできた桃子や松岡《まつおか》がリーダーとなっている東京子ども図書館です。子どもたちにとっていい本を、じっくり選《えら》んできました。

また、そういう図書館員を増《ふ》やすために、色々な勉強会も数多く企画《きかく》しています。特《とく》に、松岡《まつおか》が得意《とくい》とするストーリーテリングの講座《こうざ》は、児童《どう》図書館員にとって大切な「お話を語る」という仕事ができるようになると人気で、この講座《こうざ》の卒業生《そつぎょうせい》たちが全国の図書館や文庫で活やくしています。

九　名訳者《めいやくしゃ》のわけ

翻訳家《ほんやくか》としての石井桃子は、自分の好《す》きな作品、自分で「いい作品」と自信をもてるものしか訳《やく》しませんでした。

なかでも、ファージョンは桃子の大好《だいす》きな作家です。桃子が最初《さいしょ》に訳《やく》したファージョンの作品は、『ムギと王さま』という短編集《たんぺんしゅう》です。この本の英語のタイトルをそのまま日本語にすると「本の小部屋」となります。ファージョンが子どものころ、家の中には本をおいてある小さな部屋があって、そこにこもって本を読みふけったのです。本の小部屋での楽しかった時間を思い出して、タイトルをつけたのでした。日本語のタイトルとなった『ムギと王さま』は最初《さいしょ》の短編《たんぺん》のタイトルです。

そのときはページ数に制約《せいやく》があったために、原書の半分くらいしか収《しゅう》録《ろく》できなかったのですが、その後も、機会《きかい》があるたびに、桃子はファージョンの作品の翻訳《ほんやく》を試《こころ》みます。一番まとまった仕事になったのが、一九七〇（昭和四十五）年から刊行《かんこう》された「ファージョン作品集」（全七巻）です。

「ファージョン作品集」とほぼ同じ時期に、桃子が力を注いだのが、一九七一（昭和四十六）年から刊行《かんこう》される「ピーターラビット」シリーズです。

日本の子どもたちにどれくらい受け入れられるのか、小さな本が売れるのか不安《ふあん》で、編集者《へんしゅうしゃ》と何度も相談しました。そして二十四冊《さつ》ある原書の中から、最初《さいしょ》は六冊《さつ》を選《えら》んで出すことにしました。『ピーターラビットのおはなし』など、日本の子どもたちにもなじみのあるウサギやネコの話です。しかし、よけいな心配でした。発売と同時に好評《こうひょう》で、すぐにシリーズ全巻の刊行《かんこう》を決めたくらいです。桃子はつぎつぎと十五冊《さつ》まで訳《やく》しました。

このシリーズは、かわいらしいウサギの絵が有名ですが、作者ポターの文章はねりにねってギリギリまでムダをはぶいた文章で、翻訳《ほんやく》するのは実に手ごわいのです。それに加《くわ》えて、英語を日本語にすると文字が増《ふ》えて、元の英語より長くなります。ところが、絵本の中の文章は、そのページの中におさめなければなりません。絵とのバランスもありますから、字を印刷《いんさつ》する面積《めんせき》を増《ふ》やすこともできません。それはそれは大変《たいへん》な作業です。

また、イギリスの風土を色こく反映《はんえい》した自然《しぜん》がテーマの絵本ですから、現地《げんち》の様子を知らずに翻訳《ほんやく》することもまた困難《こんなん》な点のひとつでした。

桃子は、本が出版《しゅっぱん》される直前、イギリスに飛《と》びます。ファージョンの

暮《く》らしたサセックス州《しゅう》とともに、ポターの作品の舞台《ぶたい》となった湖水地方を訪《たず》ねます。訳《やく》してきた作家たちの足あとをゆっくりと自分の足で歩き、その風景《ふうけい》を自分の目で確《たし》かめ、どんな思いで作品が書かれたのかを想像《そうぞう》するのでした。

桃子の仕事は、編集《へんしゅう》や児童《じどう》図書館の活動など、とても広い範囲《はんい》にわたっていますが、その中でも一番重要《じゅうよう》な仕事は翻訳《ほんやく》です。なぜなら、桃子の翻訳《ほんやく》は、後輩《こうはい》の翻訳者《ほんやくしゃ》たちのお手本になったからです。それでは、それほどの影響《えいきょう》をあたえた石井桃子の翻訳《ほんやく》はどのように

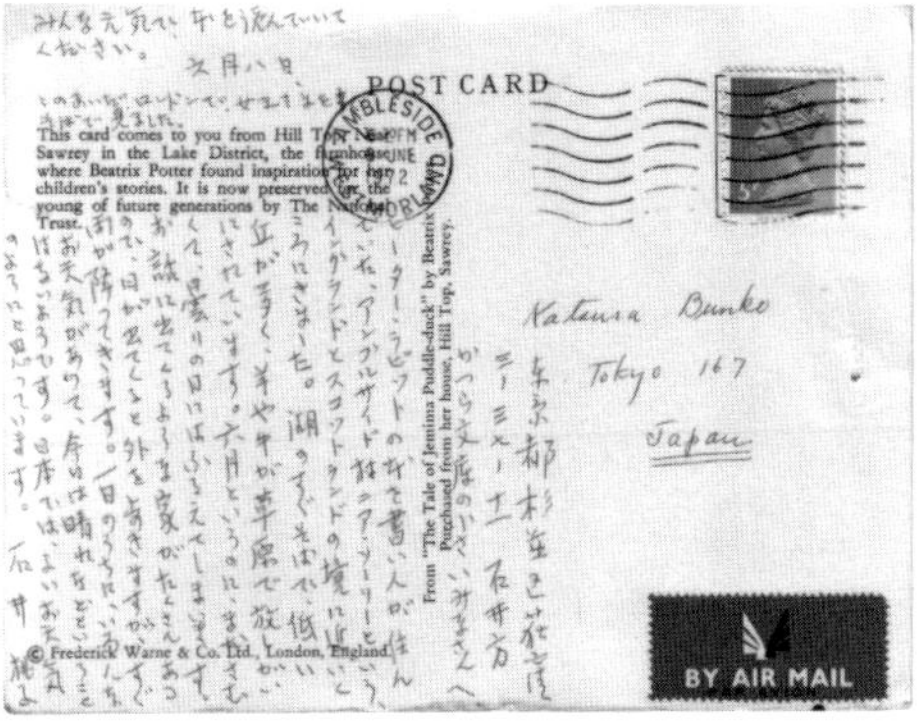

イギリスからかつら文庫の子どもたちに出したはがき

みんな元気で本を読んでいてください。などのメッセージが書かれています。

して生まれたのでしょうか。その秘密《ひみつ》をここで少し紹介《しょうかい》しましょう。

秘密《ひみつ》の第一は、もちろん英語力です。おもしろい本を探《さが》してくることが大切ですから、英語の本をたくさん読まなくてはなりません。そのためには、英語が速く読める必要《ひつよう》があります。どの本を訳《やく》すか決めたら、今度はていねいに訳《やく》していくのですが、そのときまちがいがあってはいけません。英語が正確《せいかく》に理解《りかい》できなくてはいけないのです。

とはいっても、英語ができるだけでは「いい翻訳《ほんやく》」にはなりません。もうひとつ、とっても大事なことがあります。

秘密《ひみつ》の二番目は、日本語の力です。いくら元の英語の本がおもしろくても、日本語が読みにくかったら、読みたくないですよね。日本人の作家が日本語で書いた物語だってたくさんあるのですから、わざわざ読みにくい翻訳《ほんやく》ものを読む人はいません。だから、日本語で読むのと同じくらいに自然《しぜん》な日本語で書かれている必要《ひつよう》があります。

それは、日本語で物語を書くのと同じくらい大変《たいへん》なことです。桃子は自分でも小説《しょうせつ》を書いていましたから、日本語で物語を書くのが上手でした。

しかし、翻訳《ほんやく》は、ときには最初《さいしょ》から日本語で書くよりむずかしいこともあります。たとえば、言葉あそびです。その中には、同じ音でもちがう意味の言葉に取りちがえることでおかしさが生まれるものがあります。プーの物語にもそういった言葉あそびがたくさん出てきますが、英語ではちがう意味の言葉が同じ音でも、その意味の日本語にすると同じ音になるとは限《かぎ》りません。言葉あそびは、翻訳《ほんやく》できないことが多いのです。

それでも、桃子はそれをなんとかしようと、翻訳《ほんやく》の工夫をしました。

桃子の代表作である『クマのプーさん』を例《れい》に、お話をしましょう。

フクロがプーに話しかける場面です。

「まず薄謝《はくしゃ》を贈呈《ぞうてい》することとする。それから――」

「あの、しばらく。」と、プーは手をあげてとめました。「まず、あのなんですって?――なんていったんです? お話の途中でく・・・しゃみをなさったものだから。」

「わたくし、く・・・しゃみなどいたしませんよ。」

「贈呈《ぞうてい》する」の英語「イッシュー」が、英語で「くしゃみ」を意味する「アティッシュー」の音に似《に》ていることから、プーはかんちがいしたのです。日本語でも、「薄謝《はくしゃ》」は「ハックション」という「くしゃみ」の音を連《れん》想《そう》させるので、日本語で読んでも、言葉の意味のかんちがいからくるおかしさが伝《つた》わってきます。

言葉あそび以外《いがい》にも、日本語訳《やく》には工夫が必要《ひつよう》です。クリストファー・ロビンとプーが北極探検《ほっきょくたんけん》の準備《じゅんび》について話す場面を例にあげましょう。

「ぼくたちみんな、食料《しょくりょう》もっていかなくちゃいけないんだ。」

「なにをもってくんですって？」

「たべるもの。」

「ああ、そうか。」と、プーは、うれしそうにいいました。「ぼくはまた、あなたが、しょくりょうっていったと思ったもんだから。」

この場面のおもしろさは、クリストファー・ロビンが言った「食料《しょくりょう》」という言葉がプーにはわからなかったこと。そして、「たべるもの」という説明《せつめい》で理解《りかい》をしたようですが、まだ言葉を使いこなしてないので「しょくりょう」とひらがなで書かれているところです。でも実は、最《さい》初《しょ》の「食料《しょくりょう》」も二度目の「しょくりょう」も元の英語では同じ単語《たんご》です。それを、漢字とひらがなに書き分けたところに、翻訳者《ほんやくしゃ》の工夫《くふう》があるのです。

英語の文字はアルファベットだけですが、日本語の表記には、漢字、ひらがな、カタカナと複数種類《ふくすうしゅるい》があります。そして、表記を変《か》えると、読んだときの印象《いんしょう》が変《か》わります。プーは「脳《のう》みその足りない」クマなので、知らない言葉も多いし、ときどき言いまちがえもします。（そこが、プーのかわいさでもあり、おもしろさでもあるのですが。）ひらがなばかりの文章は、いかにもプーの台詞《せりふ》らしいと思います。

秘密《ひみつ》の三つ目は、よりよい翻訳《ほんやく》を目指して、あきらめずに何度も修正《しゅうせい》をくり返したことです。人気のある作品は、売れて在庫《ざいこ》が足りなくなると、新たに印刷《いんさつ》されます。これを増刷《ぞうさつ》といいます。増刷《ぞうさつ》するときが、文章を修正《しゅうせい》するチャンスです。

桃子は、そのたびに翻訳《ほんやく》を見直し、よりよい文章に書きかえました。これを改訳《かいやく》といいます。『クマのプーさん』は多くの読者に長年愛《あい》されてきたおかげで、なんと十回も改訳《かいやく》されました。

岩波《いわなみ》少年文庫の後も、ハードカバー版《ばん》、愛蔵版《あいぞうばん》など様々に本の大きさを変《か》えて出版《しゅっぱん》され続《つづ》けました。とうとう、出版社《しゅっぱんしゃ》の方が根を上げて「これ以上《いじょう》、変更《へんこう》しないでください」とたのんできたから、やっと修正《しゅうせい》をやめたそうです。本当に研究熱心《ねっしん》でした。その努力《どりょく》が、多くの後輩《こうはい》たちのお手本となったのです。

『クマのプーさん』は、子どもの本の翻訳《ほんやく》の歴史《れきし》という点からも大きな足跡《あしあと》を残《のこ》しました。『クマのプーさん』を読んで育った子どもたちが、今度は、自分でお話を書いたり訳《やく》したりするようになったからです。

桃子の改訳《かいやく》への情熱《じょうねつ》は、晩年《ばんねん》までおとろえませんでした。最後《さいご》の改訳《かいやく》は、九十九歳《さい》、亡《な》くなるわずか二年前に出したエレナー・エスティスの『百まいのドレス』です。

これは、いじめの問題もからんだ、時代をこえたテーマの絵本で、みなさんにもぜひ読んでもらいたい作品です。

初《はじ》めは一九五四（昭和二十九）年に「岩波の子どもの本」シリーズの一冊《さつ》として『百まいのきもの』というタイトルで出た本ですが、桃子は、五十年ぶりに翻訳《ほんやく》に手をいれました。自分が訳《やく》した作品を大切にし、手入れをおこたらない。桃子は、ていねいな仕事を生涯《しょうがい》つらぬきました。

十　子ども時代に返る

ファージョンとポターの翻訳《ほんやく》が一段落《いちだんらく》すると、桃子は創作《そうさく》の仕事に力を注ぐようになりました。

そして桃子のペンが生み出したのが、『幼《おさな》ものがたり』です。七十歳《さい》を過《す》ぎ、きょうだいや友人たちの中に亡《な》くなる人も出てきて、桃子は、子どものころが思い出されて仕方ないのでした。

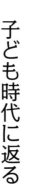

まず、雑誌《ざっし》で『幼《おさな》ものがたり』の連載《れんさい》を始め、四年後の一九八一（昭和五十六）年に本にまとめました。

この本では、生まれてからすぐの記憶《きおく》から始まって、生家の様子、祖父母や両親、きょうだいやいとこたちの思い出が生き生きと記されています。そして、桃子が小学校にあがってすぐのところで終わっています。

その次の挑戦《ちょうせん》は、『幻《まぼろし》の朱《あか》い実』という長編小説《ちょうへんしょうせつ》です。これは、創作《そうさく》のお話ですが、桃子の青春時代が色こく反映《はんえい》されています。

中心となるのは、桃子がモデルの明子《あきこ》と、親友の蕗子《ふきこ》の友情《ゆうじょう》です。蕗子《ふきこ》のモデルは桃子の親友だった小里文子《おりふみこ》です。文子《ふみこ》の家の玄関《げんかん》には烏瓜《からすうり》が植わっていて、桃子はその朱色《しゅいろ》の鮮《あざ》やかさをおぼえていて、小説《しょうせつ》のタイトルに「朱《あか》い実」とつけたのです。

小説《しょうせつ》の中でも、蕗子《ふきこ》は体調が悪く、たいてい自宅《じたく》で寝《ね》ています。明子は、栄養《えいよう》のある食べ物を持って、蕗子《ふきこ》の家に通いました。おいしいものをいっしょに食べながら、とりとめもないおしゃべりをするのが何よりも楽しかったのです。短かったけれど宝物《たからもの》のような親友との時間でした。才能《さいのう》にあふれていたのに、若《わか》くして亡《な》くなってしまったために何も残《のこ》せなかった友人はどれほど無念《むねん》だったでしょう。桃子が一番書きたかったのは、笑《わら》いの絶《た》えないなにげない会話でした。

小説《しょうせつ》の中の蕗子《ふきこ》が特《とく》に喜《よろこ》んだのが、明子が翻訳《ほんやく》したお話を読んでもらうときでした。これは、桃子が実生活で『クマのプーさん』を訳《やく》して、その原稿《げんこう》を文子《ふみこ》のところに持っていって、声に出して読んであげたことに重なります。桃子は、病気の文子《ふみこ》を喜《よろこ》ばせたい一心で『クマのプーさん』を訳《やく》したのでした。

桃子は、書いたり訳《やく》したりすることが好《す》きでしたが、大切な人に聞かせたい、読ませたいと願《ねが》うときには、いつも以上《いじょう》に力が出る性分《しょうぶん》でした。文子《ふみこ》の残《のこ》したたくさんの手紙を前に、七十八歳《さい》ころから構想《こうそう》をあたため始め、最終的《さいしゅうてき》に『幻《まぼろし》の朱《あか》い実』上下二冊《さつ》の本にしたときには、十年近い月日が流れていました。

この作品は、読売《よみうり》文学賞《しょう》を受けました。桃子は、翻訳家《ほんやくか》や編集者《へんしゅうしゃ》とし

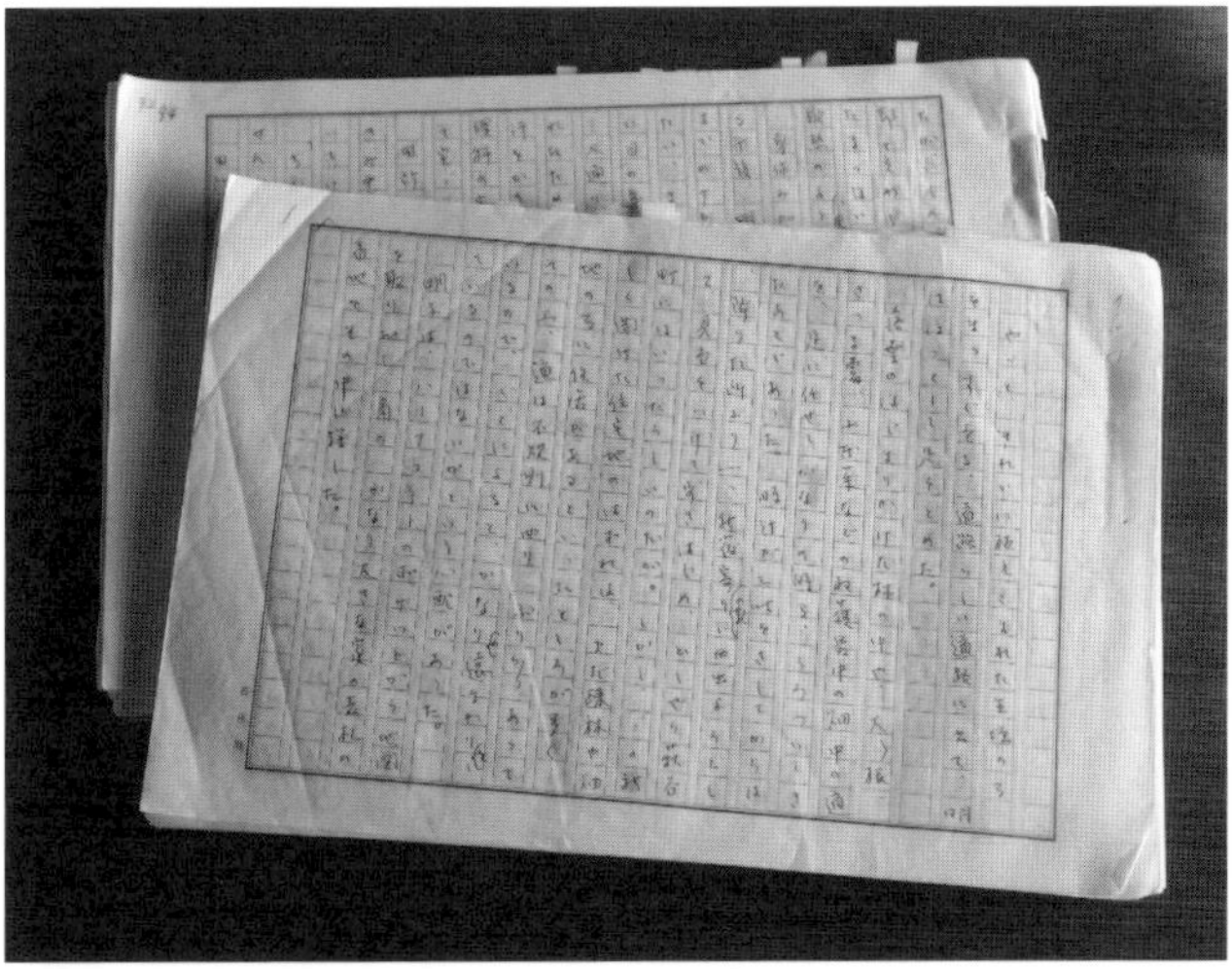

『幻《まぼろし》の朱《あか》い実』の手書き原稿《げんこう》

読売《よみうり》文学賞の授賞式《じゅしょうしき》　記念品《きねんひん》として、すずりが贈《おく》られました。

て一流の仕事をたくさんしてきました。しかし、児童《じどう》文学だけでない作家として認《みと》められたという意味でも、読売《よみうり》文学賞《しょう》の受賞《じゅしょう》は、作家・石井桃子にとって、なによりもうれしかったはずです。桃子は八十七歳《さい》になっていました。

次に桃子が取り組んだのが、ミルン自伝《じでん》の翻訳《ほんやく》です。ミルンとは、『クマのプーさん』の作者A《エー》・A《エー》・ミルンのことです。桃子は「プーとの出会いと戦争《せんそう》がなかったら、わたしの人生はずいぶんちがっていたのではないかと思います。」と言っていました。それくらい、「プー」との出会いは、桃子の人生の中で大きな出来事でした。

しかし、出会った当時は「プー」の物語を楽しむだけで、それを書いた人がどんな人生を送ったのかとか、その人がどうしてこのようなおもしろいお話を書くことができたかなどを考えることはありませんでした。桃子自身が、たくさんのお話を訳《やく》したり、自分で物語を書いたりしていくうちに、だんだんと魅力的《みりょくてき》なお話がどうやって生まれてきたかにも興味《きょうみ》が出てきたのでした。

そこで手にしたのがプーの作者であるミルンの伝記《でんき》です。すでに日本語になった本が出版《しゅっぱん》されていたので、桃子はそれを読んでみました。しかし、どうもピンときません。

英語でじっくりその本を読み始めました。ミルンの英語はとてもむずかしくて、翻訳《ほんやく》がまちがっていたり、わかりにくいところもたくさんありました。桃子はていねいに少しずつ読み進めていきました。といっても、桃子はいつもたくさんの仕事をかかえていましたから、あいた時間を使ってぼちぼち進めていきました。

しかし、桃子の勉強は、やると決めたら徹底的《てっていてき》にやります。ミルン自《じ》伝《でん》を訳《やく》すと決めてからは、英語が母国語の人を探《さが》して家庭教師《きょうし》になってもらいました。その時の勉強のノートが残《のこ》っています。そこには、九十歳《さい》をこえた桃子が、難解《なんかい》な英語の翻訳《ほんやく》に真剣《しんけん》に取り組んだ足あとが残《のこ》されています。

ミルン自伝《じでん》のタイトルは『今からでは遅《おそ》すぎる』です。ミルンは、伝《でん》記《き》の最初《さいしょ》に、「偉大《いだい》な作家がどのようにして生まれたかを知ろうとしたら、その作家がどのような本を書いたかなど、大人になってからのことを追いかけてもむだである。その人物が偉大《いだい》な作家になるかどうかは、その人物が五歳《さい》のころには、すでに決まってしまっているのだから」と書いてます。

この自伝《じでん》で一番くわしく語られているのは、小さいころにどうやって遊んだかです。特《とく》に、すぐ上のケンという兄と遊んだこと、ライト・バースという詩のような唄《うた》のようなものを作って遊んだことが楽しそうにつづられています。この詩は、『クリストファー・ロビンのうた』として、プーのお話より先に書かれました。『クマのプーさん』の中にも、プーが作る詩がたくさんおさめられています。こうしたミルンの創作《そうさく》の大もとをたどると、お兄さんと詩を作って遊んだ幼《おさな》いころの体験《たいけん》が大きく影響《えいきょう》していることがわかります。

　このころ、桃子はよく「三つ子の魂《たましい》百まで」と言っていました。自分が成長《せいちょう》して色々なことを成《な》しとげたように思っていたけれども、自分の本質《ほんしつ》は五歳《さい》のころから何も変《か》わっていない。だからこそ、三歳《さい》から五歳《さい》までの子ども時代というのが、その先の長い人生を支《ささ》えるという意味でとても大切になるというのです。

　桃子は晩年《ばんねん》、何かひとと言とたのまれると、「あなたをささえるのは、子ども時代のあなたです」と書きました。

二〇〇七（平成十九）年三月の百歳《さい》の誕生日《たんじょうび》には、お祝《いわ》いの会があり、全国の桃子ファンからお祝《いわ》いの言葉が寄《よ》せられました。

その年、二〇〇七（平成十九）年度の朝日賞《あさひしょう》も受けました。学術《がくじゅつ》や芸《げい》術《じゅつ》などの分野で特別《とくべつ》すばらしい仕事をして、日本の文化や社会に役立った人びとに贈《おく》られる賞《しょう》です。二〇〇八（平成二十）年一月の贈呈式《ぞうていしき》には、百歳《さい》の桃子が壇上《だんじょう》に上がってあいさつをしました。

それから二か月ほど過《す》ぎたとき、脳《のう》こうそくを起こした桃子は、翌日《よくじつ》の四月二日に息を引き取りました。百一歳《さい》と二十三日の長い人生の幕《まく》がおりたのです。

桃子はお墓《はか》まで自分で手配していました。生前、墓地《ぼち》を探《さが》し、希望《きぼう》を伝《つた》えておきました。

墓石《ぼせき》の隣《となり》に、もうひとつ石碑《せきひ》が立てられていて、そこに桃子自身が選《えら》んだ代表作品のタイトルが六つきざまれています。

創作《そうさく》では
『ノンちゃん雲に乗る』

『幼《おさな》ものがたり』

『幻《まぼろし》の朱《あか》い実』

の三作品。

翻訳《ほんやく》は
『クマのプーさん』

『ピーターラビットのおはなし』

『ムギと王さま』

の三作品。

桃子は肩書《かたが》きではなく、自分が残《のこ》した作品の名前を、人々の記憶《きおく》に残《のこ》したかったのです。

桃子の死後、桃子の仕事の権利《けんり》と管理《かんり》は、東京子ども図書館にのこされました。その責任者《せきにんしゃ》は松岡享子《まつおかきょうこ》です。

松岡《まつおか》は、桃子のたくさんの仕事をふり返りながら、「石井先生の最大《さいだい》の功績《こうせき》は何だろうか」と考えこみました。

そこから導《みちび》き出された回答は「地下水」でした。ひとつひとつの作品もさることながら、桃子が書き、訳《やく》し、編集《へんしゅう》し、選《えら》んだ多くの本たちが、子どもたちの手にわたり、読者の心の支《ささ》えとなる。それが心の栄養《えいよう》となり、子どもたちの胸《むね》の奥底《おくそこ》にしみこみ、何十年か経《た》った後に、極上《ごくじょう》の地下水としてわき出すのです。地下深く流れる水脈《すいみゃく》のように、表面からは見えなくても、美しい水は絶《た》えることなく流れているのです。

生涯独身《しょうがいどくしん》を通した桃子には子どもはいません。

しかし、桃子が送り出した『クマのプーさん』や『ちいさいおうち』は、多くの子どもたちに愛《あい》され続《つづ》け、その本を読んで育った者たちが、大きくなって子どもの本の仕事を選《えら》ぶことも増《ふ》えてきています。

桃子の地下水が、何世代にもわたって、子どもの本の世界を豊《ゆた》かにしているのです。

おわりに

竹内美紀

児童文学者の中には、子どものころ『クマのプーさん』や『うさこちゃん』が大好《だいす》きだった人がたくさんいます。しかし、わたしが石井桃子の名前を知ったのは、三十代なかば、子どもを育てているときでした。

本好《ほんず》きな子どもに育ってほしいと思い、生まれてすぐから絵本をいっぱい買いこんで、毎日せっせと読み聞かせをしました。少しすると、自分の気に入った本を手に「読んで」と持ってくるようになりました。気に入った本は何度も何度もリクエストします。子どもがくり返し読んでほしいと何度も持ってくる本は何だろうと、気をつけてみると、ブラウンの『おやすみなさいのほん』、バートンの『はたらきもののじょせつしゃけいてぃー』、ブルーナの『ゆきのひのうさこちゃん』など、絵本のテーマや作家もばらばらなのですが、そのうちひとつのことに気がつきました。翻訳者《ほんやくしゃ》の名前がすべて「石井桃子」なのです。

それから、石井桃子のことを夢中《むちゅう》で調べるようになりました。英語がわからないと、石井桃子の翻訳《ほんやく》がなぜいいのか、どこがいいのかわからないので、大学院に入って一から英文学の勉強をし直しました。調べれば調べるほど、石井桃子のすごさに圧倒《あっとう》されました。

若《わか》いころから一流の文化人に出会い、期待された仕事を完璧《かんぺき》にこなしてはひきたてられ、新しく重要《じゅうよう》な仕事を任《まか》されます。できた仕事には執着《しゅうちゃく》せずに、次々と困難《こんなん》な仕事に立ち向かっていきます。創作《そうさく》や翻訳《ほんやく》、編集《へんしゅう》といったデスクワークだけでなく、出版社《しゅっぱんしゃ》や牧場《ぼくじょう》を作り、最後《さいご》は理想の子ども図書館を実現《じつげん》させます。仕事の内容《ないよう》ももちろんすばらしいのですが、その挑戦的《ちょうせんてき》な生きる姿勢《しせい》に感動します。

それでいて、とても謙虚《けんきょ》な人でした。大事な仕事をいっぱいやって、何度も賞《しょう》を受けたりしていますが、そういうかた苦しいものはあまり好《す》きではなかったようです。本が大好《だいす》きで、本の話ができる友だちを大切にしました。なによりも自由に、自分らしく生きたいと努力《どりょく》を重ねました。ですから、文学者団体《だんたい》など、自分の意志《いし》を曲げる可能性《かのうせい》のある団体《だんたい》活動からは距離《きょり》を置きました。もちろん、戦争《せんそう》の時代を生きのびてきただけに、平和への願いも強かったはずです。

子どもたちが自由に読書を楽しめる、そのために石井桃子は全生涯《ぜんしょうがい》をかけました。その人のことを知った以上《いじょう》、その人生の意味を語り伝《つた》えていかなくてはいけないと思っています。

みなさんも、この本を読んだあと、石井桃子の生きた時代を思いうかべながら、桃子の残《のこ》した作品を手にとってみてください。おもしろい本がたくさんありますよ。

資《し》料《りょう》

石井桃子《いしいももこ》

桃子をとりまく人びと

桃子の人生に影響《えいきょう》をあたえた人や作家、翻訳者《ほんやくしゃ》、ともに子どもの本のためにつくした人びとを紹介《しょうかい》します。

日本の作家・政治家

菊池寛《きくちかん》
一八八八年〜一九四八年

作家。本名は寛《ひろし》。香川県《かがわけん》生まれ。作品に『真珠夫人《しんじゅふじん》』『恩讐《おんしゅう》の彼方《かなた》に』など。文藝春秋社《ぶんげいしゅんじゅうしゃ》をつくり、雑誌《ざっし》「文藝春秋《ぶんげいしゅんじゅう》」や「婦人《ふじん》サロン」などを創刊《そうかん》。日本の代表的《だいひょうてき》な文学賞《しょう》のひとつ、芥川賞《あくたがわしょう》、直木賞《なおきしょう》、菊《きく》池寛賞《ちかんしょう》を創設《そうせつ》する。桃子は、菊池《きくち》のもとで外国の本にたずさわるアルバイトをした。

犬養毅《いぬかいつよし》
一八五五年〜一九三二年

政治家。現在《げんざい》の岡山県《おかやまけん》に生まれる。慶応義塾《けいおうぎじゅく》に学び、新聞記者を経《へ》て政治の世界に。一九三一（昭和六）年に総理大臣《そうりだいじん》になるが、翌《よく》年《ねん》の五月十五日、青年将校《しょうこう》らによって暗殺《あんさつ》された。毅《つよし》の書庫の整理の仕事をきっかけに犬養家《いぬかいけ》と知り合った桃子は、その家で、「プーさん」に出会う。

井伏鱒二《いぶせますじ》
一八九八年〜一九九三年

作家。本名は井伏満壽二《いぶしますじ》。広島県《ひろしまけん》生まれ。『山椒魚《さんしょううお》』で世に知られ、『ジョン萬次郎漂流記《まんじろうひょうりゅうき》』で直木賞《なおきしょう》を受賞《じゅしょう》するなど、多くの作品が評価《ひょうか》されている。井伏《いぶせ》の家と桃子の家が近く、桃子は何度も訪《たず》ねた。桃子が出版社《しゅっぱんしゃ》を立ち上げたとき、井伏《いぶせ》に翻訳《ほんやく》をたのみ、「ドリトル先生」が生まれた。

吉野源三郎《よしのげんざぶろう》

一八九九年～一九八一年

作家、編集者《へんしゅうしゃ》、評論家《ひょうろんか》、ジャーナリスト。東京都出身。平和運動に力をつくしたことでも知られ、代表作『君たちはどう生きるか』は今も多くの若者《わかもの》に読まれている。

新潮社《しんちょうしゃ》「日本少国民文庫《しょうこくみんぶんこ》」の編集《へんしゅう》主任《しゅにん》。

岩波《いわなみ》書店で、雑誌《ざっし》「世界」の初代《しょだい》編集長《へんしゅうちょう》となる。

『クマのプーさん』の出版《しゅっぱん》のときは桃子に力を貸《か》した。

岩波《いわなみ》少年文庫創刊《そうかん》のために、戦後《せんご》、桃子を岩波《いわなみ》書店にさそい、ふたたび東京で本づくりに関《かか》わるきっかけをつくっている。

瀬田貞二《せたていじ》

一九一六年～一九七九年

児童文学作家、翻訳家《ほんやくか》、児童文学研究家。東京都生まれ。夜間中学校で教え、その後、出版社《しゅっぱんしゃ》に入る。百科事典の編集《へんしゅう》などをしながら、創作《そうさく》や翻訳《ほんやく》をはじめる。

創作《そうさく》に『きょうはなんのひ？』（林明子《はやしあきこ》・絵）『ふるやのもり』（田島征三《たしませいぞう》・絵）など、翻訳《ほんやく》に『指輪《ゆびわ》物語』（トールキン・作）「ナルニア国ものがたり」シリーズ（C・S・ルイス・作）『三びきのやぎのがらがらどん』（マーシャ・ブラウン・絵）など多数の著書《ちょしょ》があるほか、児童文学研究においても、多大な功績《こうせき》を残《のこ》した。

いぬいとみこ

一九二四年～二〇〇二年

児童文学者。本名は乾富子《いぬいとみこ》。東京生まれ。

岩波《いわなみ》書店で、桃子の助手として、「岩波《いわなみ》少年文庫」の編集《へんしゅう》にたずさわりながら、自身の作品を生み出していく。

日本児童《じどう》文学者協会《きょうかい》新人会に入り、佐藤さとるたちと、同人誌《どうじんし》『豆の木』を創刊《そうかん》。

東京都練馬《ねりま》区で家庭文庫「ムーシカ文庫」を開いた。

『ながいながいペンギンの話』で毎日出版《しゅっぱん》文化賞《しょう》、『北極《ほっきょく》のムーシカミーシカ』で国際《こくさい》アンデルセン賞佳作《しょうかさく》、『うみねこの空』で野《の》間児童文芸賞《まじどうぶんげいしょう》を受賞《じゅしょう》するなど、多くの作品が評価《ひょうか》されている。

海外の作家

バートン
一九〇九年～一九六八年

バージニア・リー・バートン。アメリカの絵本作家、画家、デザイナー。絵を学びながらバレエも学び、一時はダンサーを志《こころざ》したが、家族を助けるため絵に専念《せんねん》する。『ちいさいおうち』『いたずらきかんしゃ ちゅうちゅう』など、たくさんの絵本が、アメリカだけでなく、日本でも愛《あい》されている。

一九六一年には桃子がバートンの家を訪《たず》ね、一九六四年にバートンが来日したときには桃子の「かつら文庫」を訪《たず》ね、子どもたちに恐《きょう》竜《りゅう》の絵を描《か》いてあげている。

ファージョン
一八八一年～一九六五年

エリナー・ファージョン。イギリスの児童文学作家、詩人。

父は作家、母はアメリカの有名な俳優《はいゆう》。家にあるたくさんの本と、訪《おとず》れる数多くの芸術家《げいじゅつか》たちによって、子どものころから豊かな知識《ちしき》と想像力《そうぞうりょく》を得《え》ていた。

「ファージョン作品集(全七巻)」を訳《やく》したように、桃子にとって大切な作家のひとり。

桃子のお墓《はか》には、彼女《かのじょ》の代表作としてファージョンの『ムギと王さま』が、きざまれている。

ミルン
一八八二年～一九五六年

A・A・ミルン。イギリスの児童文学作家、詩人。

有名な風刺雑誌《ふうしざっし》「パンチ」につとめた後、第一次世界大戦《たいせん》に従軍《じゅうぐん》。

一人息子のクリストファー・ロビンのために書いた詩集『クリストファー・ロビンのうた』が大評判になり、続いて『クマのプーさん』を発表した。

その続篇《ぞくへん》『プー横丁にたった家』を、犬養家《いぬかいけ》で桃子が読んだことが、日本に「プー」が紹介《しょうかい》されるきっかけとなった。

海外の作家

ポター

一八六六年～一九四三年

ビアトリクス・ポター。イギリスの絵本作家。

学校に通わず、友だちの少ないさみしい環境《かんきょう》で育ち、幼《おさな》いころから絵を描《か》くことが好《す》きだった。

『ピーターラビットのおはなし』は、元家庭教師《きょうし》の子どもにかいた絵手紙がもとになっている。

湖水《こすい》地方の自然《しぜん》を愛《あい》し、ポターの死後は、彼女《かのじょ》が残《のこ》した財産《ざいさん》がそこをまもるためにつかわれている。

桃子も、翻訳《ほんやく》をするときに、物語が生まれた場所を訪《たず》ねている。

図書館をつくった人

ムーア

一八七一年～一九六一年

アン・キャロル・ムーア。アメリカの図書館員・児童文学評論家《ひょうろんか》。

ニューヨークで図書館学を学んだのち、ニューヨーク公共《こうきょう》図書館の児童室の創設《そうせつ》にたずさわり、児童図書館サービスの先駆者《せんくしゃ》のひとりとなる。さらに、アメリカの児童図書館を組織《そしき》づけ、評価《ひょうか》が低かった児童文学に、正当な評価《ひょうか》をあたえた。

桃子がアメリカに留学《りゅうがく》したときには協力《きょうりょく》をおしまず、あちこちに紹介《しょうかい》し、自分でもニューヨークを案内《あんない》してまわった。

L・H・スミス

一八八七年～一九八三年

リリアン・H・スミス。カナダの児童図書館員、児童文学者。

カナダのトロント大学を卒業《そつぎょう》後《ご》、アメリカのカーネギー図書館学校で学び、トロント公共《こうきょう》図書館の初代《しょだい》少年少女部長になった。

「少年少女の家」とよばれる児童図書室と、スミスの著書《ちょしょ》は、カナダだけではなく、イギリスやアメリカなどで高く評価《ひょうか》された。

日本でも、桃子や瀬田貞二《せたていじ》らが翻《ほん》訳《やく》したスミスの『児童文学論』が、今でも読みつがれている

桃子が紹介《しょうかい》してくれた世界

桃子は、日本の子どもたちのために、世界各国からよい本をあつめました。あなたの好《す》きな本はありますか？その本は、どこの国からやってきたのでしょう？

● **アメリカ**

『ちいさいおうち』（バージニア・リー・バートン）

『ゆかいなホーマーくん』（ロバート・マックロスキー）

『百まいのドレス』（エレナー・エスティス）

『100まんびきのねこ』（ワンダ・ガアグ）

● **カナダ**

『トンボソのおひめさま』（バーボ／ホーンヤンスキー）

● **ロシア**

『どうぶつのこどもたち』（サムイル・マルシャーク）

● **オーストラリア**

『燃《も》えるアッシュ・ロード』（アイバン・サウルオール）

● **ニュージーランド**

『魔法使《まほうつか》いのチョコレートケーキ』（マーガレット・マーヒー）

● ノルウェー

『小さい牛追い』（マリー・ハムズン）

● スイス

『こねこのぴっち』（ハンス・フィッシャー）

● オランダ

『ちいさなうさこちゃん』（ディック・ブルーナ）

● フランス

『りすのパナシ』（リダ・フォシェ）

● イギリス

『クマのプーさん』（A・A・ミルン）

『ピーターラビットのおはなし』（ビアトリクス・ポター）

『ムギと王さま』（エリナー・ファージョン）

『チム・ラビットのぼうけん』（アリソン・アトリー）

『たのしい川べ』（ケネス・グレアム）

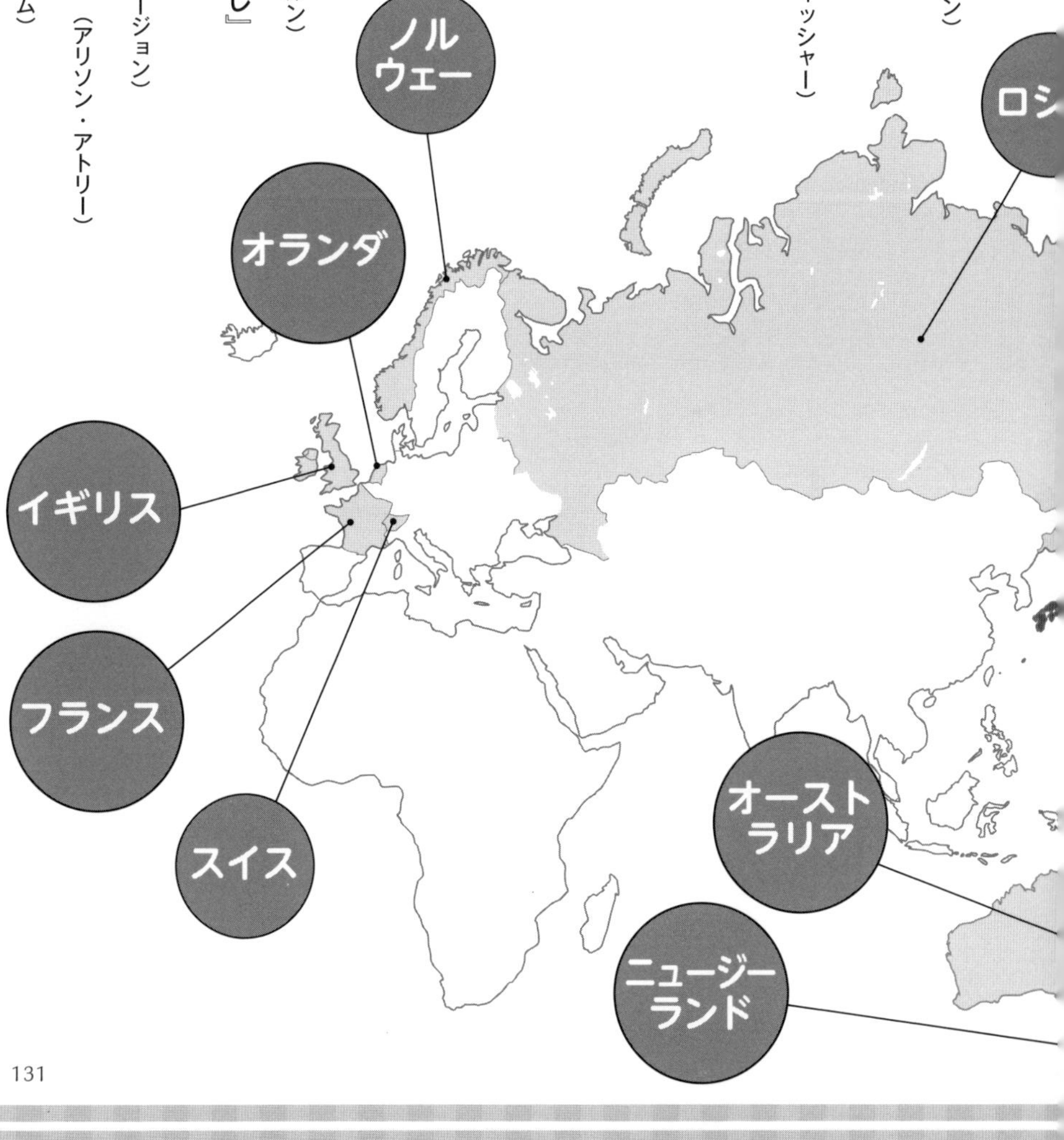

資料

桃子をもっと知ろう

桃子の本の仕事

子どもたちに本を読む喜《よろこ》びをあたえることが、桃子の喜《よろこ》びでした。子どもや本のことを考えて、いつも忙《いそが》しくすごしていました。そのようすを少し見てみましょう。

▼絵本の読み聞かせをする桃子

かつら文庫では、子どもたちに本を読んであげる時間がありました。ときには、まだ本になる前の原稿《げんこう》を読んだり、外国語のままの本を日本語にしながら読んで、子どもたちのようすを見たりしました。

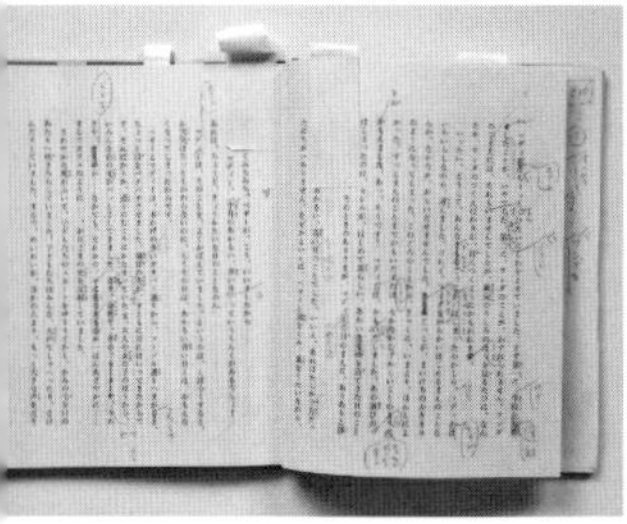

▲『百まいのドレス』改訂用《かいていよう》のメモ

桃子は、いちど出版《しゅっぱん》した本でも、さらに読みこんで、まちがいがあったり、よりよくなるところがないか、いつもチェックしていました。

▲執筆中《しっぴつちゅう》の桃子

荻窪《おぎくぼ》の自宅《じたく》の１階で、かつら文庫を開きながら、その２階の書斎《しょさい》では、本を出すための仕事もしていました。

牧場《ぼくじょう》での桃子

戦後《せんご》の桃子は、牧場《ぼくじょう》のある宮城県《みやぎけん》の鶯沢《うぐいすざわ》と、出《しゅっ》版社《ぱんしゃ》のある東京を、行ったり来たりしながら働いていました。桃子にとっては、農業や酪農《らくのう》も、子どもの本をつくることも、どちらも大切な仕事でした。

▲草を運ぶ桃子たち　（安田勝彦・撮影）

草を刈《か》って、牛の世話のためにつかいます。

▲小学校での読み聞かせ

鶯沢《うぐいすざわ》小学校で、２年間、子どもたちに本を読みました。

▲ノンちゃん牛乳《ぎゅうにゅう》の出荷《しゅっか》

重たい牛乳《ぎゅうにゅう》を、みんなで協力《きょうりょく》してトラックに積んでいます。

動物好《す》きの桃子

子どもの本に対しては、いつもまじめで、ひたむきに仕事にとりくむ桃子。

では、ふだんの桃子はどんな人だったのでしょう？　実は、とても動物が好《す》きで、家には猫《ねこ》がいたのですよ。

▲桃子と羊

ノンちゃん牧場《ぼくじょう》で。

▲猫《ねこ》のキヌ

自宅《したく》の仕事づくえで。

▲猫《ねこ》のトム

トムは、鶯沢《うぐいすざわ》でともに暮《く》らした猫《ねこ》です。

桃子が大切にしたもの

かつら文庫では今でも、桃子が友人にたのんで子ども用にデザインしてもらったつくえといすが、つかわれています。

ひな祭りの時期には、オープンのお祝《いわ》いに犬養家《いぬかいけ》からおくられたおひなさまが、かざられます。

▲かつら文庫にかざられたおひなさま

かわいらしいひな人形。
『三月ひなのつき』（福音館書店）に登場します。

▲現在《げんざい》のかつら文庫　（池田マサカズ・撮影）

いすは、クッションのところを直しながら大切につかっています。

桃子の人生と、生きた時代

桃子の人生におきた出来事を見ていきましょう。
どんな時代、どんな社会を生きたのでしょうか。
この表の年齢《ねんれい》は、その年の誕生日《たんじょうび》がきたときの歳《とし》をしめしています。

時代	西暦	年齢	桃子の出来事	世の中の出来事
明治	一九〇七	〇歳	三月十日、埼玉県《さいたまけん》に生まれる	
大正	一九一三	六歳	四月、埼玉県立《さいたまけんりつ》女子師範付属《しはんふぞく》小学校入学	
	一九一九	一二歳	三月、小学校卒業《そつぎょう》、四月、埼玉県立浦和《さいたまけんりつうらわ》高等女学校入学	
	一九二三	十六歳	三月、高等女学校卒業《そつぎょう》	関東大震災《かんとうだいしんさい》発生
	一九二四	一七歳	四月、日本女子大学校英文学部入学 菊池寛《きくちかん》のもとで英文和訳《えいぶんわやく》のアルバイトをする	
昭和	一九二八	二一歳	三月、日本女子大学校卒業《そつぎょう》	
	一九二九	二二歳	十二月、文藝春秋社《ぶんげいしゅんじゅうしゃ》に入社	ニューヨークで株価《かぶか》が大暴落《だいぼうらく》
	一九三二	二五歳		五・十五事件《じけん》が起こる

昭和

一九三三	二六歳	十二月、文藝春秋社《ぶんげいしゅんじゅうしゃ》を退社《たいしゃ》 犬養毅《いぬかいつよし》の家で『プー横丁にたった家』の原書に出会う	
一九三四	二七歳	新潮社《しんちょうしゃ》に入社。「日本少国民《しょうこくみん》文庫」の編集《へんしゅう》に加わる	
一九三八	三一歳	親友・小里文子が亡《な》くなり、荻窪《おぎくぼ》の家をゆずりうける	
一九三九	三二歳	三月、母なを死去《しきょ》	第二次世界大戦開戦《せかいたいせんかいせん》
一九四〇	三三歳	十一月、白林少年館より『たのしい川邊《かわべ》』を刊行《かんこう》 十二月、岩波《いわなみ》書店より『熊のプーさん』を刊行《かんこう》	日独伊三国軍事同盟成立《ぐんじどうめいせいりつ》
一九四一	三四歳	一月、白林少年館より『ドリトル先生「アフリカ行き」』を刊行《かんこう》	
一九四二	三五歳	六月、岩波《いわなみ》書店より『プー横丁にたった家』を刊行《かんこう》	
一九四五	三八歳	八月、友人・狩野ときわと宮城県栗原郡鶯沢村《みやぎけんくりはらぐんうぐいすざわむら》（現在《げんざい》の栗《くり》原市《はらし》）へ移住《いじゅう》。農業、酪農《らくのう》を始める	第二次世界大戦終結《せかいたいせんしゅうけつ》
一九四七	四〇歳	二月、『ノンちゃん雲に乗る』大地書房より刊行《かんこう》	インドが独立《どくりつ》する
一九五〇	四三歳	五月、岩波《いわなみ》書店で編集《へんしゅう》にたずさわるようになる 十二月、岩波《いわなみ》少年文庫創刊《そうかん》	朝鮮戦争開戦《ちょうせんせんそうかいせん》
一九五一	四四歳	三月、『ノンちゃん雲に乗る』を光文社が刊行《かんこう》し、同年、第1回芸術選奨《げいじゅつせんしょう》文部大臣賞《だいじんしょう》を受賞《じゅしょう》	

時代	西暦	年齢	桃子の出来事	世の中の出来事
昭和	一九五三	四六歳	十二月、「岩波《いわなみ》の子どもの本」シリーズ創刊《そうかん》	
	一九五四	四七歳	五月、岩波《いわなみ》書店をやめる 八月、ロックフェラー財団《ざいだん》の奨学金《しょうがくきん》を受け留学《りゅうがく》に出発 カーネギー図書館学校で3か月間学ぶ	
	一九五五	四八歳	五月、「岩波《いわなみ》の子どもの本」全24冊が、第2回サンケイ児童文化出版賞《しゅっぱんしょう》を受賞《じゅしょう》 九月、帰国。「子どもの本の研究会」を始める	
	一九五七	五〇歳	村岡花子《むらおかはなこ》、土屋滋子《つちやしげこ》らと「家庭文庫研究会」を結成《けっせい》	
	一九五八	五一歳	三月、自宅《じたく》に「かつら文庫」を開く	東京タワー公開開始
	一九六四	五七歳	六月、「うさこちゃん」シリーズを福音館《ふくいんかん》書店より刊行《かんこう》開始	東京オリンピック開催《かいさい》
	一九六五	五八歳	『三月ひなのつき』で、国際《こくさい》アンデルセン賞国内賞を受賞《じゅしょう》	
	一九六六	五九歳	編集《へんしゅう》した『国際児童文学賞《こくさいじどうぶんがくしょう》全集』（全24冊・あかね書房）が、第13回サンケイ児童出版文学賞《じどうしゅっぱんぶんがくしょう》を受賞《じゅしょう》	
	一九七〇	六三歳	七月、『ファージョン作品集』（岩波《いわなみ》書店）刊行《かんこう》開始	
	一九七一	六四歳	五月、イギリスへ。サセックス（ファージョン）と湖水《こすい》地方（ポター）を訪《たず》ねる旅 十一月、「ピーターラビット」シリーズを福音館《ふくいんかん》書店より刊行《かんこう》開始	

時代	年	年齢	できごと	社会のできごと
昭和	一九七四	六七歳	一月、「東京子ども図書館」が財団法人認可《ざいだんほうじんにんか》を受ける 十一月、「ピーターラビット」シリーズが、第11回日本翻《ほん》訳《やく》文化賞を受賞《じゅしょう》	
昭和	一九七八	七一歳	『ファージョン作品集』が第23回サンケイ児童出版文学賞《しゅっぱんぶんがくしょう》を受賞《じゅしょう》	日中平和友好条約《じょうやく》が結《むす》ばれる
昭和	一九八一	七四歳	一月、『幼《おさな》ものがたり』（福音館書店《ふくいんかんしょてん》）を刊行《かんこう》	
昭和	一九八四	七七歳	三月、第1回子ども文庫功労賞《こうろうしょう》（伊藤忠記念財団《きねんざいだん》）を受賞《じゅしょう》	
平成	一九九四	八七歳	『幻《まぼろし》の朱《あか》い実』（岩波《いわなみ》書店）刊行《かんこう》	
平成	一九九五	八八歳	二月、『幻《まぼろし》の朱《あか》い実』で読売文学賞を受賞《じゅしょう》	阪神《はんしん》・淡路《あわじ》大震災《だいしんさい》、地下鉄サリン事《じ》件《けん》発生
平成	一九九六	八九歳	東京子ども図書館創立《そうりつ》20周年記念《きねん》事業として「石井桃子奨《しょう》学研修助成金《がくけんしゅうじょせいきん》」がスタート	
平成	二〇〇三	九六歳	十二月、ミルン自伝《じでん》『今からでは遅《おそ》すぎる』（岩波《いわなみ》書店）刊行《かんこう》 翌年《よくねん》、第40回日本翻訳出版文化賞《ほんやくしゅっぱんぶんかしょう》・翻訳特別賞《ほんやくとくべつしょう》を受賞《じゅしょう》	イラク戦争開戦《せんそうかいせん》
平成	二〇〇八	一〇一歳	一月、二〇〇七年度朝日賞を受賞《じゅしょう》 四月二日、死去《しきょ》	

図書館・文庫へ行こう

桃子が残した文庫では、たくさんの本が読めるほかお話会などの行事も行われています。

東京子ども図書館

子どもの本だけでなく、児童文学の資料《しりょう》などもそろえています。

〒165-0023　東京都中野区江原町 1-19-10

TEL : 03-3565-7711　FAX : 03-3565-7712

http://www.tcl.or.jp

開館時間（臨時休館もあります）

児童室：火・水・金 13:00 ～ 17:00　土 10:30 ～ 17:00

資料室：火・水・金 10:00 ～ 17:00　土 10:00 ～ 19:00

事務室：火～土 10:00 ～ 17:00

石井桃子記念 かつら文庫

桃子の自宅《じたく》のあったところ。書《しょ》斎《さい》の見学もできます。

（池田マサカズ・撮影）

〒167-0051　東京都杉並区荻窪 3-37-11

TEL：03-3565-7711　（お電話は、東京子ども図書館へつながります）

http://www.tcl.or.jp

開館時間（臨時休館もあります）

子ども対象：第 1 ～ 4 土曜日（祝日を除く）14:00 ～ 17:00

大人への公開日：原則として火曜日、木曜日（祝日を除く）13:00 ～ 16:00

写真提供

公益財団法人 東京子ども図書館

参考資料

『石井桃子のことば』（中川李枝子ほか・新潮社）

『ひみつの王国　評伝 石井桃子』（尾崎真理子・新潮社）

「石井桃子　生誕110年記念特別展」展示図録（杉並区立郷土博物館）

『石井桃子の翻訳はなぜ子どもをひきつけるのか』（竹内美紀・ミネルヴァ書房）

「子どもに本を - 石井桃子の挑戦 ドキュメンタリー映画」
1『ノンちゃん牧場』 2『子どもと文学』 3『かつら文庫』
（森英男・DoDo企画 Kasabutakun FILM）

『新編 子どもの図書館』石井桃子コレクションIII（石井桃子・岩波書店）

『児童文学の旅』石井桃子コレクションIV（石井桃子・岩波書店）

『エッセイ集』石井桃子コレクションV（石井桃子・岩波書店）

『児童文学論』（リリアン・H・スミス・岩波書店）

『幼ものがたり』（石井桃子・福音館書店）

著者紹介

作者

竹内美紀（たけうち　みき）

同志社大学法学部、松下政経塾、フェリス女学院大学大学院卒。博士（文学）。東洋大学文学部国際文化コミュニケーション学科准教授。2014 年、『石井桃子の翻訳はなぜ子どもをひきつけるのか』（ミネルヴァ書房）で日本児童文学学会日本児童文学学会奨励賞を受賞したほか、石井桃子の翻訳研究についての論文が多数ある。翻訳に絵本『ラスムスクルンプ　さがしてあそぼう！』（カーラとヴィルヘルム・ハンセン原案 / 小学館）や長編ファンタジー小説『スレーテッド 消された記憶 』（テリ・テリー著 / 祥伝社）などがある。

画家

立花まこと（たちばな　まこと）

東京都に生まれる。イラストレーター。絵本に『おでかけおでかけ』（小長谷清実 作・福音館書店）『ぎょうざぎゅっぎゅっ』（長谷川摂子 作・福音館書店）『しおふきうす』（長谷川摂子 作・岩波書店）、挿絵に『葛飾北斎』（芝田勝茂 文・あかね書房）などがある。

企画・編集

野上　暁（のがみ　あきら）

日本ペンクラブ常務理事、JBBY 副会長、東京純心大学こども文化学科客員教授。

編集協力　奥山修
装丁　白水あかね

伝記を読もう　13

石井桃子
子どもたちに本を読む喜びを

2018年4月　初　版
2025年4月　第6刷

作　者　竹内美紀
画　家　立花まこと

発行者　岡本光晴
発行所　株式会社 あかね書房
〒101-0065　東京都千代田区西神田 3-2-1
電話　03-3263-0641（営業）　03-3263-0644（編集）
https://www.akaneshobo.co.jp
印刷所　TOPPANクロレ 株式会社
製本所　株式会社 難波製本

NDC289　144p　22cm　ISBN 978-4-251-04613-0

伝記を読もう

人生っておもしろい！
さまざまな分野で活躍《かつやく》した人たちの、
生き方、夢《ゆめ》、努力《どりょく》…… 知ってる？

❶ **坂本龍馬《さかもとりょうま》**
世界を夢《ゆめ》見た幕末《ばくまつ》のヒーロー

❷ **豊田喜一郎《とよだきいちろう》**
自動車づくりにかけた情熱《じょうねつ》

❸ **やなせたかし**
愛《あい》と勇気《ゆうき》を子どもたちに

❹ **伊能忠敬《いのうただたか》**
歩いて作った初《はじ》めての日本地図

❺ **田中正造《たなかしょうぞう》**
日本初《はつ》の公害《こうがい》問題に立ち向かう

❻ **植村直己《うえむらなおみ》**
極限《きょくげん》に挑《いど》んだ冒険家《ぼうけんか》

❼ **荻野吟子《おぎのぎんこ》**
日本で初《はじ》めての女性医師《じょせいいし》

❽ **まど・みちお**
みんなが歌った童謡《どうよう》の作者

❾ **葛飾北斎《かつしかほくさい》**
世界を驚《おどろ》かせた浮世絵師《うきよえし》

❿ **いわさきちひろ**
子どもの幸せと平和を絵にこめて

⓫ **岡本太郎《おかもとたろう》**
芸術《げいじゅつ》という生き方

⓬ **松尾芭蕉《まつおばしょう》**
俳句《はいく》の世界をひらく

⓭ **石井桃子《いしいももこ》**
子どもたちに本を読む喜《よろこ》びを

⓮ **円谷英二《つぶらやえいじ》**
怪獣《かいじゅう》やヒーローを生んだ映画監督《えいがかんとく》

⓯ **平賀源内《ひらがげんない》**
江戸《えど》の天才アイデアマン

⓰ **椋《むく》　鳩十《はとじゅう》**
生きるすばらしさを動物物語《どうぶつものがたり》に

⓱ **ジョン万次郎《まんじろう》**
海をわたった開国の風雲児《ふううんじ》

⓲ **南方熊楠《みなかたくまぐす》**
森羅万象《しんらばんしょう》の探究者《たんきゅうしゃ》

⓳ **手塚治虫《てづかおさむ》**
まんがとアニメでガラスの地球《ちきゅう》を救《すく》え

⓴ **渋沢栄一《しぶさわえいいち》**
近代日本の経済《けいざい》を築《きず》いた情熱《じょうねつ》の人

㉑ **津田梅子《つだうめこ》**
日本の女性《じょせい》に教育で夢《ゆめ》と自信を

㉒ **北里柴三郎《きたざとしばさぶろう》**
伝染病《でんせんびょう》とたたかった不屈《ふくつ》の細菌《さいきん》学者

㉓ **前島《まえじま》　密《ひそか》**
郵便《ゆうびん》で日本の人びとをつなぐ

㉔ **かこさとし**
遊びと絵本で子どもの未来を

㉕ **阿波根昌鴻《あはごんしょうこう》**
土地と命を守り沖縄から平和を

㉖ **福沢諭吉《ふくざわゆきち》**
自由と平等を教えた思想家

㉗ **新美南吉《にいみなんきち》**
愛《あい》と悲しみをえがいた童話作家

㉘ **中村《なかむら》　哲《てつ》**
命の水で砂漠《さばく》を緑にかえた医師《いし》

㉙ **牧野富太郎《まきのとみたろう》**
植物研究ひとすじに

㉚ **丸木《まるき》　俊《とし》**
「原爆《げんばく》の図」を描《えが》き世界に戦争《せんそう》を伝《つた》える